Adeamus!

Arbeitsheft 2
Ausgabe A

Herausgegeben von

Volker Berchtold

Prof. Dr. Markus Schauer

Erarbeitet von

Heiko Deden

Delia Göbeler

Claudia Homann

Kai Oltshausen

Stephanie Weck

Dirk Weidmann

Oldenbourg Schulbuchverlag, München

Inhalt

Salve!

In diesem Arbeitsheft findest du Tests, Texte und Übungen zu den Lektionen 21–35 von Adeamus, Ausgabe A. Das Arbeitsheft hilft dir, deine Lateinkenntnisse zu erproben und zu festigen.

Zunächst zeigen dir die Übungen im Abschnitt *Das kann ich schon!*, inwieweit du Wörter und Grammatik der Lektionen 1–20 noch beherrschst und einen kurzen lateinischen Text übersetzen kannst; dort findest du auch Hinweise zur gezielten Wiederholung.
Zu jeder Lektion gibt es 3 Arbeitsbereiche: Eingangstest, Übungen und Abschlusstest.

Mit dem Eingangstest ermittelst du deinen Lernstand. Die Wenn du -Hinweise verweisen auf die für dich passenden Übungen.
Wenn du alles gut beherrschst, kannst du auch gleich zum Abschlusstest gehen.

Dort, wo   zu sehen ist, findest du Übungen zur Wiederholung.

Die   begleitet dich auf den Geschafft-Seiten: Dort siehst du dann auf einen Blick, was du aus einem wichtigen Bereich der Grammatik schon alles kannst.

Viel Erfolg beim Lateinlernen wünschen dir Herausgeber, Autoren und Verlag!

Das kann ich schon!

Vokabeltest Lektion 1–20   Grammatiktest Lektion 1–20   Übungstext

Auf den nächsten vier Seiten kannst du deine bisher erworbenen Kenntnisse überprüfen. Wenn du feststellst, dass sie nicht ausreichen, solltest du die entspechenden Lektionen im Schülerbuch 1 und in der Begleitgrammatik nochmals ansehen und deine Kenntnisse vervollständigen. Wenn du die folgenden Übungen gut beherrschst, hast du eine sichere Grundlage für das neue Lateinjahr.

1. Wiederhole deine Vokabelkenntnisse!

Du beginnst mit einer Wiederholung von jeweils drei wichtigen Vokabeln aus jeder Lektion des ersten Bandes. So kannst du erkennen, wo du mit der Vokabelwiederholung beginnen solltest!

L 1	nam –	iam –	tum –
L 2	statim –	subito –	nunc –
L 3	ita –	diu –	saepe –
L 4	tandem –	via –	etiam –
L 5	filia –	pater –	et … et –
L 6	cibus –	hostis –	enim –
L 7	dea –	cum –	inter –
L 8	multi –	consilium –	vir –
L 9	qui –	vox –	laetus –
L 10	nihil –	nox –	fortis –
L 11	itaque –	nonnulli –	civitas –
L 12	patria –	tamen –	mortuus –
L 13	autem –	quoque –	labor –
L 14	antea –	tantus –	miles –
L 15	bellum –	medius –	modus –
L 16	novus –	ars –	noster –
L 17	pauci –	at –	mulier –
L 18	quamquam –	si –	gloria –
L 19	cuncti –	multitudo –	num? –
L 20	postquam –	vel –	copia –

2. Die Verben sind sehr wichtig.

Ordne die folgenden Verben und ihre deutschen Bedeutungen richtig zu. Die Begriffe in der linken Spalte helfen, dir die Bedeutungen richtig einzuprägen.

mittere, trahere, venire, intellegere, vincere, videre, finire, creare, accipere, credere, agere, legere, desiderare, salutare, parere

Aktion		
akzeptieren		
Kredit		

(to) desire		
(to) finish		
intelligent		
kreativ		
Lektion		
Mission		
parieren		
Traktor		
salutieren		

Vokabeltest Lektion 1–20   **Grammatiktest Lektion 1–20**   **Übungstext**

3. Deklinieren? Das kann ich (bald wieder)!

Ergänze in der folgenden Tabelle die entsprechenden Kasus.

	puella	ludus	templum	pater	corpus
Nom. Sg.					
Gen. Sg.					
Dat. Sg.					corpori
Akk. Sg.				patrem	
Abl. Sg.		ludo			
Nom. Pl.	puellae				
Gen. Pl.			templorum		
Dat. Pl.					
Akk. Pl.					
Abl. Pl.					

Wenn du   ... **4** *Formen nicht richtig bilden konntest, lies bzw. bearbeite nochmals* **BG S. 25–26** *und* **AH 1, S. 27**, ***Übung 2+3***.

4. Konjugieren? Das kann ich auch (bald wieder)!

Konjugiere die folgenden Verben in den angegebenen Tempora.

	Präsens	Imperfekt	Futur I	Perfekt	Plusquamperfekt
	pugnare	ridere	invenire	mittere	facere
1. Sg.					
2. Sg.					
3. Sg.					

1. Pl.					
2. Pl.					
3. Pl.					

Wenn du ... **4** *Formen nicht richtig bilden konntest, lies bzw. bearbeite nochmals* **BG S. 19−20**, **38**, **40−41**, **46**, **56**, **59−60** *und* **AH 1**, **S. 18**, **53**, **55**, **57**, **65**, **80** *und* **84**.

5. Die wichtigsten Satzglieder

Bestimme die Satzglieder und übersetze den Satz.

Tum	Tullius	Marco	equum	magnum	dat.

Wenn du ... **1** *Satzglied nicht richtig bestimmen konntest, lies noch einmal* **BG S. 27**.

6. Kongruierende Wörter im Satz

Unterstreiche die Wörter, die zueinander kongruent sind, und übersetze die Sätze.

Quintus magna voce nonnullos servos in villa sua vocat.

Multi Romani hostes fortes a patria sua repellere potuerunt.

Wenn du ... **2** *Wörter falsch unterstrichen hast, lies bzw. bearbeite nochmals* **BG S. 31−33**, **36−37** *und* **AH 1**, **S. 39−40**, **49−50**.

7. *Is, ea, id* in dreifacher Mission!

Benenne jeweils die Funktion (Personal-, Demonstrativ- oder Possessivpronomen) von *is, ea, id* in der folgenden Übersicht und begründe deine Entscheidung. Übersetze die Sätze dann.

1. Is vir hostibus adest.   als _____

2. Amici eius fortes sunt.   als _____

3. Itaque Romani eis restare debent.   als _____

Wenn du ... **1** *Funktion nicht richtig bestimmen konntest, lies bzw. bearbeite nochmals* **BG S. 43** *und* **AH 1 S. 59−61**.

8. Der AcI

a. Grenze den AcI von der Haupthandlung durch Trennstriche ab,
b. benenne die Bestandteile des AcI *(Akkusativ, Infinitiv)*
c. benenne das Zeitverhältnis des AcI zur Haupthandlung *(vorzeitig oder gleichzeitig)* und

d. übersetze schließlich den Satz.

1 domum
nach Hause

Tullius liberos domum[1] venisse non ignorat.   Zeitverhältnis

Akkusativ: _____   Infinitiv: _____   _____

Romani Gallos adesse putabant.   Zeitverhältnis

Akkusativ: _____   Infinitiv: _____   _____

Wenn du ▸ ... *1 Teilaufgabe nicht richtig gelöst hast, lies bzw. bearbeite nochmals BG S. 48–50 und AH 1, S. 66–70.*

9. Haupt- und Nebensätze: Den Unterschied kenne ich!

Klammere Nebensätze ein und markiere Subjunktion bzw. Relativpronomen.

Romani, quamquam multas copias in Germaniam miserant, tamen Germanos vincere non

poterant.

Tandem Arminius Varum, qui imperator prudens non erat, in pugna magna vicit.

Wenn du ▸ ... *1 Teilsatz falsch eingeklammert oder 1 Subjunktion bzw. Relativpronomen falsch markiert hast, lies bzw. bearbeite nochmals BG S. 57–58 und 62 und AH 1, S. 79–81, 85, 87 und 89.*

Vokabeltest Lektion 1–20	Grammatiktest Lektion 1–20	**Übungstext**

Der Kampf mit dem Löwen

*Tullius erzählt Marcus eine berühmte Geschichte über **Herkules** (lat. **Hercules, -is m**), der mit einem Löwen (lat. **leo, leonis m**) kämpfte.*

Aliquando leo[2] Graecos iterum atque iterum terrebat, quia multos agros vastaverat[3] et nonnullos homines necaverat. Itaque omnes Graeci pleni timoris erant. Rex[4] Eurystheus Herculem, virum magnae virtutis, eos timore liberare posse putavit. Hercules, postquam vestigia[5] leonis[2] invenit, bestiae[6] accessit et eam armis necare studuit. Quia is leo[2] omnia arma prohibere[7] potuit, Hercules tandem bestiam[6] manibus[8] necavit. Statim rex[4] Eurystheus et omnes Graeci contenti fuerunt.

2	leo, leonis m der Löwe	6	bestia, -ae f das wilde Tier
3	vastare verwüsten	7	prohibere abwehren
4	rex, regis m der König	8	manus, -us f die Hand
5	vestigium, -i n die Spur		

| Eingangstest | Übungen | Abschlusstest |

W **1. Ordne dem lateinischen Wort jeweils seine deutsche Bedeutung zu:**

				Zuordnung
A)	sub	1)	zuteilen	
B)	descendere	2)	lassen, zulassen, erlauben	
C)	arcessere	3)	der letzte, der entfernteste	
D)	tribuere	4)	tadeln, kritisieren	
E)	necessarius	5)	herabsteigen, hinabsteigen	
F)	sinere	6)	unter *(wohin?)*	
G)	opus est	7)	der Winter; das Unwetter	
H)	hiems	8)	sag(t)e ich/sag(te)st du/sagt(e) er/sie/es	
I)	ultimus	9)	*(m. Dat.)* es ist nötig (für jdn.); *(m. Abl.)* jd. braucht, benötigt (etwas)	
J)	reprehendere	10)	herbeirufen, holen, holen lassen	
K)	inquam/inquis/inquit	11)	nötig, notwendig	
L)	tutus	12)	sicher (vor), geschützt (vor/gegen)	
		13)	der erste, nächste	
		14)	hinaufsteigen	

Wenn du ... *1 oder 2 Bedeutungen falsch zugeordnet hast, bearbeite Übung 1 auf S. 10,*
... *mehr Bedeutungen falsch zugeordnet hast, bearbeite Übung 1 und 2 auf S. 10 und 11.*
... *alles richtig zugeordnet hast, gehe gleich zum **Abschlusstest** auf S. 14.*

G1 **2. Sortiere folgende Wörter mithilfe der Tabelle nach Wortarten, die vom Adjektiv gebildeten Adverbien zusätzlich nach Deklinationen:**

recens – aspere – miser – tum – pulchre – vero – nimis – facile – familiariter – vehemens – crudeliter – bene – acriter – iuste

Adjektive		
Adverbien (aus Adj. gebildet)	a-/o-Dekl.	
	kons. Dekl.	
	unregelm. Bildung	
Adverbien (nicht aus Adj. gebildet)		

Wenn du ... *1 oder 2 Formen falsch zugeordnet hast, bearbeite Übung 3 auf S. 11.*
... *mehr als 2 Formen falsch zugeordnet hast, bearbeite Übung 3 und 4 auf S. 11.*

G2 **3.** Unterstreiche alle Prädikativa und rahme alle Attribute ein. Übersetze die Sätze.

Olim[1] Iuppiter Saturnum patrem vincere studebat. Itaque Cyclopes fortes, quibus corpora ingentia erant, liberavit et eos sibi servire iussit. Tum Cyclopes laeti arma acria fecerunt, quibus dei Titanos vicerunt. Postquam Iuppiter Saturnum patrem vicit, Saturnus in Tartaro tempus egit, Iuppiter autem laetus Saturnum spectavit.

_____

_____

_____

_____

1 olim (Adv.) einst

Wenn du ... *1 oder 2 Formen falsch zugeordnet hast, bearbeite Übung 5 auf S. 11 und 12.*
... *mehr als 2 Formen falsch zugeordnet hast, bearbeite Übung 5 und 6 auf S. 11 und 12.*

G3 **4.** Unterstreiche alle Dativformen in den Sätzen und übersetze. Welche Wörter können einen Dativ des Vorteils ausdrücken?

a. Iuppiter potentiam sibi petivit. _____

b. Iuppiter saluti suae pugnavit. _____

c. Iuppiter regno[2] perpetuo providet. _____

d. Ludus liberis placet. _____

e. Servo multi labores sunt. _____

2 regnum, -i n die Herrschaft

Wenn du ... *1 oder 2 Formen falsch bestimmt oder übersetzt hast, bearbeite Übung 7 auf S. 12.*
... *mehr als 2 Formen falsch bestimmt oder übersetzt hast, bearbeite Übung 7 und 8 auf S. 12.*

G4 **5.** Unterstreiche alle Dativformen in den Sätzen und übersetze. Welche Wörter können einen Dativ des Zwecks ausdrücken?

a. Salus hominum deis curae non est.

_____

b. Iuppiter fratribus auxilio venit.

_____

c. Potentia sua Iovi placet.

_____

d. Multi mortales suam calamitatem deis crimini dant.

_____

Wenn du ... *1 oder 2 Formen falsch zugeordnet hast, bearbeite Übung 9 auf S. 13.*
... *mehr als 2 Formen falsch zugeordnet hast, bearbeite Übung 9 und 10 auf S. 13.*
... *alles richtig gemacht hast, gehe gleich zum Abschlusstest auf S. 14.*

| Eingangstest | Übungen | Abschlusstest |

W **1. Versteckspiel**

Identifiziere im folgenden Gitternetz horizontal und vertikal zwölf Vokabeln aus Lektion 21 und trage sie in die Tabelle ein. Die deutschen Bedeutungen helfen dir dabei.

A	D	H	Q	N	X	K	I	Q	T	Y	D
R	E	P	R	E	H	E	N	D	E	R	E
C	N	D	Q	C	E	T	Q	C	G	D	S
E	L	J	G	E	P	U	U	U	I	Y	C
S	U	B	B	S	T	S	I	N	E	R	E
S	E	R	K	S	S	Q	T	B	L	D	N
E	D	U	V	A	W	O	U	K	H	X	D
R	O	L	V	R	B	P	N	C	I	G	E
E	P	T	R	I	B	U	E	R	E	X	R
K	E	I	J	U	S	S	F	E	M	X	E
I	X	M	Q	S	V	E	Q	M	S	B	N
U	L	U	O	S	Q	S	Y	J	G	Q	Y
H	A	S	Y	T	U	T	U	S	T	T	V

Lateinische Gitternetzwörter	Deutsche Bedeutung
	zuteilen
	lassen, zulassen, erlauben
	der letzte, der entfernteste
	tadeln, kritisieren
	herabsteigen, hinabsteigen
	unter
	der Winter; das Unwetter
	sag(t)e er/sie/es
	es ist nötig (für jdn.); jd. braucht, benötigt (etwas)
	herbeirufen, holen, holen lassen
	nötig, notwendig
	sicher (vor), geschützt (vor, gegen)

W **2. Vokal-Fresserchen**
Stelle die Wörter wieder her, indem du die fehlenden Vokale ergänzt.

a. t_t_s
b. _nq___t
c. r_pr_h_nd_r_
d. _lt_m_s
e. h____ms
f. _p_s__st

g. s_n_r_
h. n_c_ss_r__s
i. tr_b__r_
j. _rc_ss_r_
k. d_sc_nd_r_
l. s_b

G1 **3. Formen-Ping-Pong**
Bilde die jeweiligen Adverbien zu den Adjektiven.

Adjektiv	Adverb
felix	
vehemens	
bonus	
asper	
familiaris	
honestus	
placidus	
malus	
sapiens	

G1 **4. Sortieranlage**
Rahme alle aus Adjektiven gebildeten Adverbien ein und unterstreiche alle Adverbien, die nicht aus Adjektiven gebildet sind.

bene – tum – sapienter – honeste – nimis – fortiter – beate – vero – triste – quoque

G2 **5. Attributiv oder prädikativ?**
a. Entscheide, ob die jeweilige Übersetzung die unterstrichenen Adjektive in einer attributiven (a) oder prädikativen (p) Funktion wiedergibt.
b. Welche der Übersetzungen wirkt unpassend? Verbessere sie so, dass der gewollte Sinn klar zum Ausdruck kommt.

1. Cyclopes laeti deis crudelia arma donaverunt.
   Die Kyklopen haben den Göttern froh/gerne grausame Waffen geschenkt. (a/p)
2. Cyclopes fortes Saturno diligenter serviverunt.
   Die tapferen Kyklopen haben Saturn gewissenhaft gedient. (a/p)
3. Animalia contenta in terris vitam agebant.
   Die Lebewesen lebten zufrieden in den Ländern. (a/p)
4. Serva una laborat.
   Die eine Sklavin arbeitet. (a/p)

Satz _____ wurde unpassend wiedergegeben, weil _____

_____ .

Verbesserte Übersetzung: _____

_____

G2 **6. Wer die Wahl hat …**
Unterstreiche alle Adjektive. Übersetze die Sätze, indem du die Adjektive sowohl in attributiver als auch in prädikativer Funktion wiedergibst.

Beispiel: Iuppiter iratus Saturnum exspectat.
a. attributiv: Der zornige Jupiter erwartet Saturn.
b. prädikativ: Jupiter erwartet Saturn voller Zorn.

Iuppiter animalia misera in terris habitare spectavit.

a. attributiv: _____

b. prädikativ: _____

Epimetheus laetus Prometheo fratri respondet.

a. attributiv: _____

b. prädikativ: _____

Iuppiter summus deus potentiam Saturni non ignorat.

a. attributiv: _____

b. prädikativ: _____

G3 **7. Dativ-Ernte**
Unterstreiche alle Dativformen.

boni – Iovi – liberi – auxilio – terrae – magis – hominibus – oculis – hiemi

G3 **8. Für wen?**
Unterstreiche die Dative des Vorteils und übersetze. Welcher Dativ ist ein Dativ des Zwecks?

3 sacrificare   **a.** Cur deis sacrificas[3]?
opfern   **b.** Nonnulli dei cunctis civibus provident.
  c. Potentia sua Iovi curae est.
  d. Prometheus: „Nuper hominibus ignem Vulcani rapui."

_____

_____

_____

_____

_____

_____

G4 **9. Wer steckt dahinter?**

Führe die Dativformen auf ihre jeweilige Lernform zurück. Gib bei diesen auch den Genitiv und das Genus an.

Dativ-Form	Lernform (mit Genitiv und Genus)
gloriae	gloria, –ae f
oppido	
paci	
patrono	
animali	
humo	
igni	

G4 **10. Wozu?**

Setze passende Dativformen in die Lücken ein und übersetze. Welche Wörter geben einen Dativ des Zwecks an?

Iovi – mortalibus – Prometheo – auxilio – cordi

a. Salus hominum _____ _____ est.

_____

b. Cyclopes _____ _____ veniunt.

_____

c. Prometheus: „Ego _____ ignem sapienter tribuo.“

_____

Wiederholung: Prädikatsnomen
Bilde grammatisch und inhaltlich richtige Sätze. Übersetze danach:

Prometheus	miserum	
Labor	iratus	
Senatores	laeti	fuit/fuerunt.
Animal	tristis	
Homines	difficilis	
Iuppiter	honesti	

_____

_____

_____

_____

_____

a. *Setze die Dative aus dem Wortspeicher inhaltlich passend in die Lücken ein.*

auxilio – animalibus – Prometheo – mortalibus

b. *Übersetze den Text.*

c. *Überlege, warum sich Jupiter eine derart grausame Strafe für Prometheus ausgedacht haben könnte.*

De sorte Promethei

Nachdem Prometheus den Menschen unerlaubterweise das Feuer gebracht hatte, dachte sich der Göttervater eine harte Strafe aus.

Initio vita hominum misera erat, quia Iuppiter _____

ignem negaverat. Itaque Prometheus ignem e caelo rapuit

et clam _____ dono[4] dedit.

Id autem iram Iovis incendit: Iratus Vulcanum[5]

5 Prometheum in Caucasum montem[6] trahere et aquilam[7]

partem[8] iecoris[9] Promethei crudeliter comedere[10] iussit.

Quantum aquila[7] comederat[10], tantum iecoris[9] nocte crescebat.

Denique Hercules unus _____ _____

venit, aquilam[7] interfecit, cum Prometheo Caucasum montem[6]

10 reliquit.

4 donum, -i n das Geschenk
5 Vulcanus, -i m Vulkanus (Gott des Feuers und der Schmiedekunst)
6 Caucasus mons, Caucasi montis m Kaukasus (Hochgebirge östlich des Schwarzen Meeres)
7 aquila, -ae f der Adler
8 pars, partis f der Teil
9 iecur, iecoris n die Leber
10 comedere, comedo, comedi (ganz) aufessen, fressen

Eingangstest	Übungen	Abschlusstest

W **1. Ordne dem lateinischen Wort jeweils seine deutsche(n) Bedeutung(en) zu:**

				Zuordnung
A)	huc	1)	biegen, beugen; umstimmen	
B)	admittere	2)	die Liebe	
C)	amor	3)	zurückgeben	
D)	vivus	4)	von hier; hierauf; daher	
E)	apud (*m. Akk.*)	5)	der Windhauch, der Lufthauch, die Luft	
F)	flectere	6)	hierher	
G)	supplex	7)	süß, lieblich	
H)	reddere	8)	ergreifen	
I)	dulcis	9)	unter (*wohin?*)	
J)	hinc	10)	zulassen	
K)	aura	11)	bei	
		12)	demütig, flehentlich	
		13)	lebend, lebendig; zu Lebzeiten	

Wenn du ➤ ... *1 oder 2* Bedeutungen nicht richtig zugeordnet hast, bearbeite Übung **1** auf S. **17**,
... *mehr* Bedeutungen falsch zugeordnet hast, bearbeite Übung **1** und **2** auf S. **17**.
... *alles richtig* zugeordnet hast, gehe gleich zum **Abschlusstest** auf S. **19**.

G1 **2. Wer die Wahl hat ... Unterstreiche alle Passivformen. Trage sie nach dem Beispiel in die Tabelle ein: Zerlege sie in ihre Bausteine und übersetze.**

~~celebrari~~ – colligo – vertor – amor – instruis – rogatur – pulchris – ponitur – corripiuntur – commoventur – timeri – itineris – Veneris – mittimini

Passivform	Bausteine	Übersetzung
celebrari	celebra – ri	gefeiert werden

Wenn du ... **1** oder **2** Formen falsch zugeordnet hast, bearbeite Übung **3** auf S. **18**.
... **mehr** als **2** Formen falsch zugeordnet hast, bearbeite Übung **3** und **4** auf S. **18**.

G2 **3.** Sortieranlage

a. Sortiere die folgenden Formen – wie im Beispiel – nach ihrem Tempus (Imperfekt, Präsens, Futur I). Übersetze sie anschließend.

~~erit~~ – portabantur – audiam – moneberis – mitti – deponentur – colligebantur – eramus – laudantur

Tempus	Form	Übersetzung
Imperfekt		
Präsens		
Futur 1	erit	er/sie/es wird sein

b. Fülle die Lücken im folgenden Text mithilfe von geeigneten Imperfekt- und Präsens-Passiv-Formen aus Aufgabe G2 3a. Übersetze die Sätze.

1 anima, -ae f die Seele
2 custodire bewachen
3 punire bestrafen

Romani homines mortuos apud inferos habitare putabant.

Omnes animae[1] mortalium a Mercurio _____

et a Charone ad inferos _____ .

Tartarus a Cerbero custodiebatur[2]. Nonnulli mortalium

etiam dure puniebantur[3]. Itaque homines

ad inferos _____ nolebant.

_____

_____

_____

_____

_____

_____

Wenn du ... **1** oder **2** Fehler gemacht hast, bearbeite Übung **5** auf S. **18**.
... **mehr** als **2** Fehler gemacht hast, bearbeite Übung **5** und **6** auf S. **18** und **19**.
... **alles richtig** zugeordnet hast, gehe gleich zum **Abschlusstest** auf S. **19**.

Eingangstest | Übungen | Abschlusstest

W 1. Schlangenbeschwörer. Zerlege die Wortschlange. Trage die einzelnen Wörter dann in die Tabelle ein; gib die deutsche(n) Bedeutung(en) der gefundenen Wörter an.

aurahincdulcisamorvivusapudredderesupplexflecterehucadmittere

lateinische Wörter	deutsche Bedeutung

W 2. Buchstabensalat … Stelle aus den Buchstaben der linken Spalte lateinische Wörter zusammen. Die deutschen Bedeutungen helfen dir dabei.

Buchstabensalat	rekonstruiertes Wort	deutsche Bedeutung
cuh	huc	hierher
temitadre		zulassen
roma		die Liebe
suvvi		lebend, lebendig; zu Lebzeiten
puda		bei
reflecte		biegen, beugen; umstimmen
xlsuppe		demütig, flehentlich
derered		zurückgeben; (m. dopp. Akk.) machen zu
silcud		süß, lieblich
nich		von hier; hierauf; daher
arau		der Windhauch, der Lufthauch, die Luft

G1 **3. Sprachdompteur. Setze die Sätze ins deutsche Passiv. Achte auf die richtige Zeit.**

a. Orpheus findet Eurydike in der Unterwelt.

_____

b. Der Gesang des Orpheus stimmte Pluto und Proserpina gnädig.

_____

c. Kein Sterblicher betritt die Unterwelt gerne.

_____

d. Prometheus erinnert Epimetheus an die Auswirkungen seines Tuns.

_____

G1 **4. Markierungsarbeiten: Kennzeichne alle Passivformen, zerlege sie in ihre Bestandteile und übersetze.**

nolo – complebitur – amabit – commoventur – erat – donatur – erunt – caperis – est – habitavisti – admitto – audieris – corripimus – vertor – amatur – intellegebamini

Passivform	Stamm	Tempuszeichen	Personalendung	Übersetzung

G2 **5. Passiv Präsens, Imperfekt oder Futur I?**
Ordne die Formen aus dem Wortspeicher passend in die Tabelle ein.

capietur – moneor – audiebar – iubemini – amabimur – laudaris – deponebamini – vocari – audiar – audieris – amabantur – capiebaris – agi – vocabimini

Präsens Passiv	Imperfekt Passiv	Futur I Passiv

G2 **6.** Verwandlungskünstler: Wandle zunächst wie im Beispiel die vorgegebenen Aktivformen in Passivformen um. Übersetze dann die neu entstandenen Formen.

Aktivformen	zugehörige Passivformen	Übersetzung
intelleget	intellegetur	er/sie/es wird verstanden werden
gerunt		
celebrabitis		
trahebas		
mittimus		
laudare		

Eingangstest	Übungen	Abschlusstest

a. *Fülle die Lücken des Textes, indem du inhaltlich und grammatisch passende Formen aus dem Wortvorrat einfügst:*

amabatur – rapi – movebimini – flecti – commoventur

b. *Übersetze den Text.*

Vincitne omnia amor?

Eurydice[4], uxor Orphei, serpentem[5] in herba[6] tetigit[7] et de vita decessit. Itaque Orpheus in

Tartarum descendit et Plutonem Proserpinamque petivit. „Vosne _____ ",

inquit, „carminibus meis, quibus _____ etiam animalia fera? Vos supplex

oro: Si vobis est animus, qui commoveri et _____ potest, reddite mihi

5 Eurydicen[4] meam!" Quia Eurydice[4] ab Orpheo valde _____, ei Tartarum

relinquere licuit – non licuit autem Orpheo in itinere oculos ad eam flectere. Sed antequam[8]

Orpheus et Eurydice[4] lucem solis viderunt, Orpheus oculos iam flexit et statim vidit

uxorem _____.

4   Eurydice (Akk.-en, Abl. -e) Eurydike
5   serpens, serpentis m die Schlange
6   herba, -ae f das Gras

7   tangere, tango, tetigi berühren
8   antequam ehe, bevor

Lektion 23

| Eingangstest | Übungen | Abschlusstest |

W **1.** Ordne dem lateinischen Wort jeweils seine deutsche(n) Bedeutung(en) zu:

				Zuordnung
A)	socius	1)	das Geschoss; das Wurfgeschoss, der Pfeil	
B)	immo	2)	in Erinnerung rufen, erwähnen, erzählen	
C)	telum	3)	die Herrschaft, die Königsherrschaft; das Reich	
D)	umerus	4)	*(m. Inf.)* versuchen (zu tun); *(m. Akk.)* angreifen; betasten	
E)	memorare	5)	im Gegenteil; ja sogar	
F)	frangere	6)	der Hochmut, der Stolz, die Überheblichkeit	
G)	superbia	7)	die Tat	
H)	sentire	8)	der Gefährte, der Kamerad; der Bundesgenosse	
I)	regnum	9)	durcheinanderbringen, verwirren, stören	
J)	mille	10)	die Schulter	
K)	temptare	11)	tausend	
L)	par	12)	überwinden; besiegen; *(m. Abl.)* übertreffen (an)	
M)	perturbare	13)	brechen, (etw.) zerbrechen	
		14)	gleich, ebenbürtig	
		15)	fühlen, spüren; meinen	

Wenn du ➤ ... **1** oder **2** Bedeutungen nicht richtig zugeordnet hast, bearbeite Übung **1** auf S. **21** und **22**,
... **mehr** Bedeutungen falsch zugeordnet hast, bearbeite Übung **1** und **2** auf S. **21** und **22**.
... **alles richtig** zugeordnet hast, gehe gleich zum **Abschlusstest** auf S. **24**.

G1 **2. Ordnung muss sein!**

a. Bringe die lateinischen Kardinalzahlen in die richtige Reihenfolge.

1 octo acht
2 septem
sieben

octo[1] – duo – quattuor – unus – quinque – decem – septem[2] – tres – sex – novem

_____

b. Bringe die lateinischen Ordinalzahlen in die richtige Reihenfolge.

nonus – septimus – quartus – decimus – tertius – sextus – secundus – octavus – primus – quintus

_____

Wenn du ➤ ... **1** Form falsch eingereiht hast, bearbeite Übung **3** auf S. **22**.
... **mehr** als **1** Form falsch eingereiht hast, bearbeite Übung **3** und **4** auf S. **22**.

G2 **3. Formentausch. Ordne die Genitiv- und Ablativ-Gruppen in die Tabelle ein. Welche Wortgruppen lassen sich nicht einordnen?**

summum honorem – ingenti corpore – summarum virtutum – feri cordis – summo studio –
pulchra forma – summae potentiae – magna detrimenta

	Genitiv der Beschaffenheit	Ablativ der Beschaffenheit
vir		

Die gesuchten Wortgruppen lauten: _____

_____

Wenn du

... **1** Wortgruppe falsch identifiziert hast, bearbeite Übung **5** auf S. **23**.

... **2** oder **mehr** Wortgruppen falsch identifiziert hast, bearbeite Übung **5** und **6** auf S. **23**.

G₃ **4. Besondere Qualität. Bilde die passenden Formen von *ille* und *hic* zu den Substantiven. Beachte, dass es mehrere Lösungen geben kann.**

Substantive	*hic*-Formen	*ille*-Formen
superbia		
regna		
servae		
umero		
itineris		
fratrum		
canibus		

Wenn du

... **1** oder **2** Formen falsch gebildet hast, bearbeite Übung **7** auf S. **23**.

... **mehr** als **2** Formen falsch gebildet hast, bearbeite Übung **7** und **8** auf S. **23**.

... **alles richtig** zugeordnet hast, gehe gleich zum **Abschlusstest** auf S. **24**.

Eingangstest	**Übungen**	**Abschlusstest**

W **1. Substantiv-Scanner. Trage alle Substantive in die Tabelle ein. Notiere den Genitiv Singular sowie das Genus und gib an, zu welcher Deklination das Wort gehört.**

telum – mille – umerus – par – frangere – regnum – superbia – socius – immo – caput

Substantive	Genitiv Singular und Genus	Deklination

W **2. Keine halben Sachen … Vervollständige mithilfe der deutschen Bedeutungen die lateinischen Vokabeln.**

lateinische Wörter	deutsche Bedeutung
mi_____	tausend
pertur_____	durcheinanderbringen, verwirren, stören
im_____	im Gegenteil; ja sogar
te_____	das Geschoss; das Wurfgeschoss, der Pfeil
temp_____	(*m. Inf.*) versuchen (zu tun); (*m. Akk.*) angreifen; betasten
so_____	der Gefährte, der Kamerad; der Bundesgenosse
reg_____	die Herrschaft, die Königsherrschaft; das Reich
p_____	gleich, ebenbürtig
um_____	die Schulter
su_____	der Hochmut, der Stolz, die Überheblichkeit
sen_____	fühlen, spüren; meinen
me_____	in Erinnerung rufen, erwähnen, erzählen
fran_____	brechen, (etw.) zerbrechen

G1 **3. Ordnung ist das halbe Leben!**
Bringe die italienischen Ordinalzahlen in die richtige Reihenfolge.

sesto – terzo – primo – quarto – settimo – secondo – decimo – nono – ottavo – quinto

G1 **4. Partner gesucht! Ordne den Substantiven die passenden Kardinal- bzw. Ordinalzahlen zu.**

	Substantive		Zahlwörter	Lösungen
A)	servae	1)	duo	
B)	regna	2)	duobus	
C)	telo	3)	unius	
D)	umeris	4)	secundam	
E)	aestatem	5)	uni	
F)	amorem	6)	primum	

G2 **5.** Markierungsarbeiten. Unterstreiche alle Ablativ- und Genitiv-Formen und sortiere sie in die Tabelle ein.

studio – facta – teli – oratio – serva – patribus – finis – socii – amore – flumina –

arborum – artes – magnitudo

Genitiv-Formen	Ablativ-Formen

G2 **6.** Jeder hat seine Qualitäten ... Teile passende Beschreibungen zu und übersetze.

3 natura, -ae f Natur

4 taurus Creticus der kretische Stier

magnae audaciae – ingentibus corporibus – egregia virtute – fera natura[3]

a. Hercules, qui vir _____ erat, taurum Creticum[4] vicit.

b. Cerbero, cani _____, tria capita erant.

c. Cyclopes, animalia _____, deis multa arma donaverunt.

d. Prometheus, iuvenis _____, ignem rapuit et hominibus donavit.

G3 **7.** Partnersuche: Ordne den Substantiven passende Pronomina zu und bestimme die Formen.

illo – has – horum – haec – illa – hae (2) – illud – illi (2) – huius (2) – hoc (2)

Substantive	zugehörige Pronomina	Formenbestimmung
aurae (3)		
templa (2)		
leonis		
servo (3)		
luces (2)		
iter (2)		
animalium		

G3 **8.** Beziehungsfragen: Unterstreiche das Bezugswort, wähle die richtige Form des Pronomens und übersetze.

a. Iuppiter omnium deorum summus erat. (Ille/Illi/Illo) Prometheum damnare voluit.

b. Hercules leonem non timuit. (Hic/Huius/Huic) ingenti magnitudine erat.

5 monstrum, -i n Monster

6 duodecim zwölf

c. Hercules secum cogitavit: „(Hic/Haec/Hoc) monstrum[5] ingens est, sed ego fortis sum neque monstrum[5] fugiam."

d. Hercules duodecim[6] labores suscepit et (haec/hos/has) omnes sustinuit: (Ille/Illa/Illud) tantis viribus corporis erat.

Eingangstest	Übungen	Abschlusstest

a. *Wähle im Text die passenden Formen der Pronomina aus.*

b. *Unterstreiche alle Ablative und Genitive, die eine Eigenschaft zum Ausdruck bringen.*

De Augia rege[7] eiusque stabulis[8]

Eine der sieben Herkules-Aufgaben, die König Eurystheus dem antiken Helden gestellt hatte, bestand darin, die stark verdreckten Ställe des Griechen-Königs Augias zu reinigen. Bei der Erledigung dieses Auftrags wendete Herkules einen Trick an ...

Augiae regi[7] erant multi boves[9] pulchra forma, quorum stabula[8] numquam purgata erant[10]. Itaque Eurystheus Herculem, virum incredibili vi, (illis/illam/illa) stabula[8] purgare[10] iussit. Augias: „Purga[10]", inquit, „(hae/haec/hac) stabula[8] uno die[11], tibi multos boves[9] praemio dabo." Tum Hercules aquam[12] fluminis per stabula[8] duxit et hoc modo (illius/illa/illam) purgavit[10]. Hercules postquam hunc laborem confecit[13], ad Augiam properavit et (illis/illos/ille) boves[9] ab eo postulavit[14]. Rex[7] autem, vir magnae superbiae, boves[9] Herculi non dedit; nam aquam[12] fluminis – non Herculem! – stabula[8] purgavisse[10] dixit.

c. *Überprüfe die nachfolgende Übersetzung und korrigiere zwei Vokabelfehler.*

Der König Augias hatte viele Rinder von schöner Gestalt, deren Ställe niemals gereinigt worden waren. Daher befahl Eurystheus, dass Herkules, ein Mann von großer Kraft, jene Ställe reinige. Augias sagte: „Reinige diese Ställe an einem Tag, ich werde dir dafür viele Rinder als Belohnung geben." Daraufhin leitete Herkules das Wasser eines Flusses durch die Ställe und reinigte sie auf diese Weise. Nachdem Herkules diese Aufgabe beendet hatte, ging er schnell zu Augias und forderte von ihm jene Rinder. Aber der König, ein sehr kluger Mann, gab Herkules die Rinder nicht; er sagte nämlich, dass das Wasser des Flusses – und nicht Herkules! – die Ställe gereinigt hätte.

7	rex, regis m der König	11	dies, diei m der Tag
8	stabulum, -i n der Stall	12	aqua, -ae f das Wasser
9	bos, bovis m/f das Rind, der Ochse, die Kuh	13	laborem conficere, conficio, confeci eine Arbeit/ eine Aufgabe vollenden, beenden
10	purgare reinigen (*purgata erant* sie waren gereinigt worden)	14	postulare fordern, verlangen

Eingangstest	Übungen	Abschlusstest

W **1.** Ordne dem lateinischen Wort jeweils seine deutsche(n) Bedeutung(en) zu:

				Zuordnung
A)	resistere	1)	weichen, nachgeben; erlauben, zugestehen	
B)	finis	2)	die Burg, die Stadtburg	
C)	concedere	3)	dagegen	
D)	deinde	4)	sich widersetzen, Widerstand leisten	
E)	arx	5)	der Tempel; *Pl.* das Haus	
F)	parere, pario	6)	verderben; bestechen	
G)	contra	7)	hierauf, dann	
H)	perterrere	8)	zusammenrufen, versammeln	
I)	aedis	9)	die Begierde; die Willkür, die Hemmungslosigkeit	
J)	convocare	10)	zur Welt bringen, erzeugen; erringen, erwerben	
K)	libido	11)	weinen; beklagen	
L)	antiquus	12)	das Ende; die Grenze; das Ziel; *Pl.* das Gebiet	
M)	flere	13)	alt	
		14)	(jmd.) heftig erschrecken	
		15)	das Geschenk	

Wenn du
... *1 oder 2* Bedeutungen nicht richtig zugeordnet hast, bearbeite Übung **1** auf S.**26**,
... *mehr* Bedeutungen falsch zugeordnet hast, bearbeite Übung **1** und **2** auf S.**26** und **27**.
... *alles richtig* zugeordnet hast, gehe gleich zum **Abschlusstest** auf S.**29**.

G₁ **2.** Woher komme ich? Nenne jeweils Infinitiv, Stammformen und Bedeutung.

abductum _____

coactum _____

fletum _____

contentum _____

partum _____

Wenn du
... *1 oder 2* Formen nicht richtig genannt hast, bearbeite Übung **3** auf S.**27**,
... *mehr* Formen falsch genannt hast, bearbeite Übung **3** und **4** auf S.**27**.
... *alle* Formen richtig genannt hast, gehe gleich zum **Abschlusstest** auf S.**29**.

G2 **3. Passiv – aber welches Tempus? Sortiere die Formen in die richtige Tabellenspalte ein.**

vocata sum – coactus eras – datum erit – corrupti erant – pressae estis – mota erunt

Perfekt	Plusquamperfekt	Futur II

Wenn du ... *1* oder *2* Formen nicht richtig genannt hast, bearbeite Übung *5* auf S. *27*,

... *mehr* Formen falsch genannt hast, bearbeite Übung *5* und *6* auf S. *27*.

... *alle Formen richtig* genannt hast, gehe gleich zum **Abschlusstest** auf S. *29*.

G3 **4. Vier in einem Satz – klammere das „PC-Bonbon" ein und übersetze den folgenden Satz auf vier verschiedene Arten.**

Paris praemium a Venere propositum accepit.

„Partizip Perfekt Passiv" bzw. „wörtlich":

_____

Relativsatz:

_____

Adverbialsatz:

_____

Beiordnung:

_____

Wenn du ... *1* oder *2* Arten nicht richtig wiedergegeben hast, bearbeite Übung *7* auf S. *28*,

... *mehr* Arten falsch wiedergegeben hast, bearbeite Übung *7* und *8* auf S. *28*.

... *alle Arten richtig* wiedergegeben hast, gehe gleich zum **Abschlusstest** auf S. *29*.

Eingangstest	**Übungen**	**Abschlusstest**

W **1. Konjugationen erkennen – Sortiere folgende Verben in die Tabelle ein:**

concedere – flere – parere, pario – convocare – resistere – perterrere

a-Konj.	e-Konj.	kons. Konj.	kons. Konj. mit i-Erweiterung

W **2.** Erkennst du mich?! Bringe die Buchstaben wieder in die richtige Reihenfolge und übersetze dann das lateinische Wort:

denide	*deinde*	hierauf, dann
adeis		
autinqus		
fniis		
axr		
cotrna		
lidibo		

G1 **3.** Partizip liebt Substantiv. Verbinde die passenden Paare miteinander.

militum   superatum

hostem   raptam

mulierem   convocatorum

G1 **4.** Ende gut, alles gut! Unterstreiche die passende Endung (KNG!) und übersetze.

clamor militum supera(tum/torum/tus) _____

dolus ab Ulixe adhibi(tus/to/ta) _____

milites in urbem mis(sam/sum/si) _____

mulieres in servitutem abduc(tam/tae/tum) _____

G2 **5.** Liebespaare. Bestimme das Tempus und ordne jeder Aktivform die entsprechende im Passiv zu.

Aktiv	Passiv
amavimus (_____)	amatus est (_____)
amavit (_____)	amatum esse (_____)
amaveram (_____)	amati erunt (_____)
amavisse (_____)	amatae sumus (_____)
amaverint (_____)	amata eram (_____)

G2 **6.** Was stimmt denn nun? Kreuze jeweils die richtige Aussage an.

Constat Troianos superavisse.		Constat Troianos superatos esse.	
Constat Helenam rapuisse.		Constat Helenam raptam esse.	
Constat Venerem superavisse.		Constat Venerem superatam esse.	
Constat Paridem corrupisse.		Constat Paridem corruptum esse.	

G3 **7.** Setze in jede Lücke das passende Partizip ein und vervollständige die Übersetzung.

abducta – relictum – pulsi

a. Causa belli fuit Helena e patria _____.

Der Auslöser des Krieges war Helena, die aus ihrer Heimat _____.

b. Graeci saepe a Troianis _____ denique urbem ceperunt.

Nachdem die Griechen oft von den Trojanern _____, nahmen

sie die Stadt schließlich ein.

c. Troiani donum a Graecis _____ in oppidum traxerunt.

Die Trojaner zogen das Geschenk, das ihnen von den Griechen _____

_____, in die Stadt.

G3 **8.** Ein Partizip – viele Möglichkeiten. Gib die Partizipialkonstruktion, wo möglich, auf unterschiedliche Arten wieder.

1. Paris praemium a Venere propositum desideravit.

_____

_____

_____

_____

2. Helena a Paride rapta propter pulchritudinem saepe laudata est.

_____

_____

_____

_____

3. Menelaus autem cum militibus convocatis Troiam decem annos petebat.

_____

_____

_____

_____

4. Denique Graeci Troianos dolo ab Ulixe prudenti ficto superaverunt.

_____

_____

_____

Eingangstest	Übungen	Abschlusstest

a. *Unterstreiche im Text alle Prädikate blau. Bestimme jeweils das Tempus.*

b. *Unterstreiche im Text alle PPPs grün. Klammere jeweils das „PC-Bonbon" ein.*

c. *Übersetze den Text.*

Schuldig oder nicht?

Im Streit mit Hecuba muss Helena sich verteidigen – sie kam ja nicht freiwillig nach Troja:

„Tres deae de pulchritudine contenderunt. Paris iudex vocatus non iuste iudicavit, quia donis corruptus erat: Minerva ei victoriam proposuerat, a Iunone imperium sine fine ei propositum erat, a Venere amor feminae pulcherrimae[1]. Deinde Venus pulcherrima[1] dea creata Paridi aderat, is autem me abduxit."

1 pulcherri-
mus, -a, -um
der, die, das
schönste

_____

_____

_____

Geschafft!

Nach dieser Lektion kann ich die Endungen im Passiv richtig benennen und den Tempora zuordnen!

Alle Zeiten, die mit **Präsensstamm** gebildet werden (Präsens, _____ und _____),

haben im **Passiv** folgende **Endungen**: **1. Sg.**- _____ ; **2. Sg.** - _____ ; **3. Sg.** - _____ ; **1. Pl.** - _____ ; **2. Pl.** - _____ ; **3. Pl.** -

Inf. - _____ . Alle Zeiten, die mit dem **PPP** gebildet werden (Perfekt, _____

und _____), setzen sich aus dem _____ und einer Form von _____ zusammen.

Ergänze die Tempora und Passivformen von amare und mittere!

Formen, die mit dem Präsensstamm gebildet werden				
Präsens	am ____	Ich _____ geliebt.	mitt____	Ich _____ geschickt.
_____	amabar	Ich _____ geliebt.	mitte____	Ich _____ geschickt.
_____	ama____	Ich _____ geliebt _____ .	mitt____	Ich _____ geschickt _____ .
Inf. Präs.	ama____	geliebt _____	mitti	geschickt _____
Formen, die mit dem PPP gebildet werden				
Perfekt	ama____, -__ sum	Ich _____ geliebt _____ .	_____, -____ sum	Ich _____ geschickt _____ .
_____	_____, -__ eram	Ich _____ geliebt _____ .	_____, -____ eram	Ich _____ geschickt _____ .
_____	_____, -____ ero	Ich _____ geliebt _____ .	_____, -____ ero	Ich _____ geschickt _____ .
Inf. Perf.	_____ _____	geliebt _____	_____	geschickt _____

29

Lektion 25

Eingangstest	Übungen	Abschlusstest

W **1. Ordne dem lateinischen Wort jeweils seine deutsche(n) Bedeutung(en) zu:**

						Zuordnung
A)	praestare	1)	bedecken, schützen (vor), verbergen			
B)	tangere	2)	fliegen, eilen			
C)	proinde	3)	das Eisen; die Waffe, das Schwert			
D)	tegere	4)	berühren; erreichen			
E)	parcere	5)	schaden			
F)	amplus	6)	zurückhalten, behalten			
G)	volare	7)	(*m. Dat.*) übertreffen (*m. Abl.*: an); (*m. Akk.*) erfüllen, erweisen, leisten			
H)	ius iurandum	8)	wiederherstellen			
I)	restituere	9)	der frühere, der ehemalige			
J)	nocere	10)	weit, geräumig; bedeutend			
K)	ferrum	11)	entgegenlaufen, entgegentreten, begegnen			
L)	occurrere	12)	deshalb; ebenso			
M)	pristinus	13)	der Eid, der Schwur			
		14)	schonen, sparen			

Wenn du
... *1* oder *2* Bedeutungen nicht richtig zugeordnet hast, bearbeite Übung *1* auf S. *31*,
... *mehr* Bedeutungen falsch zugeordnet hast, bearbeite Übung *1* und *2* auf S. *31* und *32*.
... *alles richtig* zugeordnet hast, gehe gleich zum **Abschlusstest** auf S. *34*.

G1 **2. Wer bin ich? Bestimme jede Form (KNG). Nenne jeweils Infinitiv und Bedeutung.**

lateinische Form	KNG	Infinitiv	Bedeutung
ridentem			
sciente			
cessantibus			
parientes			
trahenti			

Wenn du
... *1* oder *2* Formen nicht richtig benannt hast, bearbeite Übung *3* auf S. *32*,
... *mehr* Formen falsch benannt hast, bearbeite Übung *3* und *4* auf S. *32*.
... *alle Formen richtig* benannt hast, gehe gleich zum **Abschlusstest** auf S. *34*.

G2 **3. Vier in einem Satz – klammere das „PC-Bonbon" ein und übersetze den folgenden Satz auf vier verschiedene Arten.**

Troiani valde gaudentes equum in urbem traxerunt.

wörtlich: _____

Relativsatz:

_____

Adverbialsatz:

_____

Beiordnung:

_____

Wenn du ... *1* oder *2* Arten nicht richtig wiedergegeben hast, bearbeite Übung *5* auf S. *32* und *33*,
... *mehr* Arten falsch wiedergegeben hast, bearbeite Übung *5* und *6* auf S. *32* und *33*.
... *alle Arten richtig* wiedergegeben hast, gehe gleich zum **Abschlusstest** auf S. *34*.

G3 **4. Mehr Sinn im Adverbialsatz! Übersetze die folgenden Satzvarianten als Adverbialsätze; verwende für jede Sinnrichtung eine passende Subjunktion:**

als – weil – indem – obwohl

1 decipere,
decipio,
decepi,
deceptum
täuschen,
betrügen

2 inspicere,
inspicio,
inspexi,
inspectum
hineinsehen,
besichtigen

Troiani equum in urbem trahentes

(1) a Graecis decepti sunt[1].
(2) tamen equum non inspexerunt[2].
(3) valde contenderunt.
(4) Troiam in periculum adduxerunt.

_____

_____

_____

Wenn du ... *1* oder *2* Sätze nicht richtig übersetzt hast, bearbeite Übung *7* auf S. *33*,
... *mehr* Sätze falsch übersetzt hast, bearbeite Übung *7* und *8* auf S. *33* und *34*.
... *alle Sätze richtig* übersetzt hast, gehe gleich zum **Abschlusstest** auf S. *34*.

Eingangstest	**Übungen**	**Abschlusstest**

W **1. Sortiere folgende Formen nach ihrer Wortart in die Tabelle ein:**

praestare – ius iurandum – pristinus – occurrere – proinde – ferrum – amplus

Substantiv	Adjektiv	Adverb	Verb

W 2. Suche in dem Gitterrätsel nach 6 Verben, schreibe sie auf und übersetze sie.

M	V	O	L	A	R	E	D	P	U
U	S	T	D	G	O	V	R	A	N
R	E	S	T	I	T	U	E	R	E
P	L	G	A	F	M	L	T	C	H
E	A	B	N	O	C	E	R	E	L
R	T	E	G	E	R	E	I	R	G
O	E	G	E	D	H	N	B	E	S
H	G	C	R	A	D	E	T	S	O
A	P	P	E	C	M	A	R	E	L
N	C	I	S	A	L	E	N	T	E

_____

_____

_____

_____

_____

_____

_____

_____

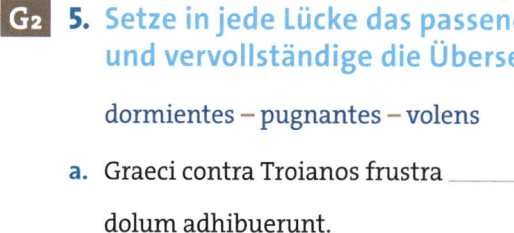

Wiederholung: PPP

Ordne die folgenden Partizipien durch Pfeile richtig zu:

PPP	fingentis, inventis, sentientium conventum, sustenti, imperanti	PPA

Wenn du → ... **mehr** als **1** Partizip falsch zugeordnet hast, bearbeite erneut die G-Übungen der **Lek. 24** auf S. **27–28**.

G1 3. Partizip liebt Substantiv. Verbinde die passenden Paare miteinander.

servum   ridentium

puellarum   tacenti

captivo   properantem

G1 4. Ende gut, alles gut! Unterstreiche die passende Endung (KNG!), übersetze wörtlich.

clamor militum pugna(ns/ntium/ntes) _____

socii Ulixis dolos invenie(ntem/ntes/ntis) _____

barbarus vinum nescie(ns/ntem/ntibus) _____

Troiani ex urbe fugie(nte/ntes/nti) _____

G2 5. Setze in jede Lücke das passende Partizip ein und vervollständige die Übersetzung.

dormientes – pugnantes – volens

a. Graeci contra Troianos frustra _____

dolum adhibuerunt.

Die Griechen, die vergeblich gegen die Trojaner _____, wandten eine List an.

b. Ulixes bellum finire _____ equum aedificavit.

Odysseus, der den Krieg beenden _____, baute ein Pferd.

c. Milites Graeci Troianos _____ petiverunt.

Die griechischen Soldaten griffen die Trojaner an, während sie _____.

G2 **6. Ein Partizip – vier Möglichkeiten (wörtlich/Relativsatz/Adverbialsatz/ Beiordnung). Gib die Partizipialkonstruktion, wo möglich, auf unterschiedliche Arten wieder.**

1. Ulixes vincere volens dolum invenit.

2. Graeci urbem Troiam exstinguentes denique Troianos superaverunt.

3. Mulieres Troianorum flentes tamen a Graecis abducti sunt.

G3 **7. Sinnvolle Sinnrichtung? Unterstreiche die passende(n) Sinnrichtung(en):**
  a. Polyphem verschlang einige Gefährten des Odysseus, während/weil/indem/obwohl sie schrien.
  b. Der Kyklop trank den Wein und dabei/und daher/und dadurch/und dennoch schlief er ein.
  c. Bei ihrer/Wegen ihrer/Durch ihre/Trotz ihrer Flucht wurden die Griechen von Polyphem verfolgt.

G3 **8. Ein Partizip – vier Möglichkeiten (temporal/kausal/modal/konzessiv). Gib die Partizipialkonstruktion, wo möglich, mit unterschiedlichen Sinnrichtungen wieder.**

1. Ulixes vincere volens dolum invenit.

2. Graeci urbem Troiam exstinguentes denique Troianos superaverunt.

3. Mulieres Troianorum flentes tamen a Graecis abducti sunt.

Eingangstest	Übungen	Abschlusstest

a. *Unterstreiche im Text alle PPPs blau und alle PPAs grün (jeweils mit Bezugswort).*

b. *Übersetze den Text und gib bei jedem Partizip die von dir gewählte Übersetzungsart (wörtlich/Relativsatz/Adverbialsatz/Beiordnung/Präpositionalausdruck) und die Sinnrichtung (temporal/kausal/modal/konzessiv) an.*

Odysseus greift ein

Als er von der Verwandlung seiner Männer erfährt, macht sich Odysseus auf den Weg, um sie zu retten.

Postquam ei herba[3] tegens a Mercurio data est, Ulixes ad Circen[4] pervenit. Circe[4] cum intellexit cibum datum ei non nocere, carmina magica[5] dicens virga[6] eum tetigit. At Ulixes gladium prehendit. Illa autem veniam petens amicitiam cum Ulixe facere proposuit. Tum sues[7] in homines mutati sunt.

---

3 herba, -ae f das Kraut
4 Circe (Akk. -en) Kirke
5 magicus, -a, -um magisch, Zauber-

6 virga, -ae f die Rute, der Stab
7 sus, suis m/f das Schwein

	Eingangstest		Übungen		Abschlusstest

W **1.** Ordne dem lateinischen Wort jeweils seine deutsche(n) Bedeutung(en) zu:

				Zuordnung
A)	poscere	1)	anreden, ansprechen; benennen	
B)	nepos	2)	einrichten; unterrichten; erbauen	
C)	augere	3)	das Gerücht; der (gute oder schlechte) Ruf	
D)	instituere	4)	der Götterspruch; das Schicksal	
E)	permittere	5)	vermehren, vergrößern; fördern	
F)	anima	6)	anfertigen, vollenden; aufreiben; beenden	
G)	numerus	7)	durchsetzen, vollenden	
H)	pius	8)	fordern	
I)	conficere	9)	der Atem, die Seele, das Leben	
J)	posterus	10)	erlauben, überlassen	
K)	perficere	11)	fromm; verantwortungsbewusst, pflichtbewusst	
L)	fama	12)	der Neffe, der Enkel	
M)	appellare	13)	der nachfolgende, der nächste	
		14)	die Zahl, die Anzahl	

Wenn du   ... *1* oder *2* Bedeutungen nicht richtig zugeordnet hast, bearbeite Übung *1* auf S. *36*,
    ... *mehr* Bedeutungen falsch zugeordnet hast, bearbeite Übung *1* und *2* auf S. *36*.
    ... *alles richtig* zugeordnet hast, gehe gleich zum **Abschlusstest** auf S. *38*.

G₁ **2.** a, o, konsonantisch oder e? Ordne die Substantive nach ihrer Deklination.

sortis – portis – turbam – urbem – res – rex – numerum – dierum

a-Dekl.	o-Dekl.	kons. Dekl.	e-Dekl.

Wenn du   ... *1* oder *2* Substantive nicht richtig zugeordnet hast, bearbeite Übung *3* auf S. *36*,
    ... *mehr* Substantive falsch zugeordnet hast, bearbeite Übung *3* und *4* auf S. *36*.

G₂ **3.** Ablativ sucht Ablativ – verbinde jedes Nomen im Ablativ sinnvoll mit einem Partizip im Ablativ.

urbe	mutato
Aenea	desperante

Didone	condita
consilio	narrante

Wenn du ... *1* oder *2* Paare nicht richtig verbunden hast, bearbeite Übung *5* auf S. *37*,
... *mehr* Paare falsch verbunden hast, bearbeite Übung *5* und *6* auf S. *37*.
... *alle Paare richtig* verbunden hast, gehe gleich zum *Abschlusstest* auf S. *37*.

Eingangstest	Übungen	Abschlusstest

W **1.** Vokabelrätsel – Setze die passenden Vokabeln und ihre Bedeutungen ein:

augere – nepos – numerus – permittere – pius – posterus

1. Aeneas ist besonders ...: _____ (_____)

2. Nicht der vorherige, sondern ...: _____ (_____)

3. Etwas, das man zum Zählen braucht: _____ (_____)

4. Nicht verringern, sondern ...: _____ (_____)

5. Der Sohn des eigenen Kindes: _____ (_____)

6. Nicht verbieten, sondern ...: _____ (_____)

W **2.** Sil-ben-sa-lat ... Bringe die Silben der lateinischen Wörter in die richtige Reihenfolge. Finde dann jeweils die passende(n) Bedeutung(en):

Silbensalat	richtiges Wort	Bedeutung(en)
ere-sti-in-tu		
ma-fa		
fi-ce-per-re		
ni-a-ma		
re-ce-pos		
con-fi-re-ce		

G₁ **3.** Verwechslungsgefahr! Unterstreiche die Substantive der e-Deklination.

pes   puerum   dei   fidem
spes   dierum   rei   finem

G₁ **4.** Tauschkonzert: Bestimme, ob die Formen im Singular oder im Plural stehen. Mache danach Singular zu Plural und Plural zu Singular.

res magna (Singular) → res magnae

res bonas (_____) → _____

res mala (_____) → _____

res parvae (_____) → _____

G2 **5.** Abl. abs. für Anfänger! Unterstreiche das Partizip und bestimme es näher (PPP oder PPA). Übersetze dann nur den Abl. abs.:

a. Troia urbe ardente (_____)   ... verließ Aeneas seine Heimat.

_____

b. Patria relicta (_____)   ... überstand Aeneas die Stürme auf den Meeren.

_____

c. Periculis marium superatis (_____)   ... kam Aeneas zu Dido.

_____

G2 **6.** Lückenfüller – Setze in jede Lücke den passenden Abl. abs. ein. Übersetze dann den ganzen Satz.

Didone relicta – Aenea eam amante

a. _____   tamen Dido in Africa relicta est.

_____

b. _____   Aeneas ad Italiam pervenit.

_____

_____

Eingangstest	Übungen	Abschlusstest

a. *Markiere im Text alle Substantive der e-Deklination.*
b. *Unterstreiche im Text alle Partizipien und ihre Bezugswörter. Klammere jeden Abl. abs. ein.*
c. *Übersetze den Text. Berücksichtige bei jedem Abl. abs. die Übersetzungsart (Adverbialsatz/ Beiordnung/Präpositionalausdruck) und die Sinnrichtung (temporal/kausal/modal/konzessiv).*

Aeneas' Blick in die Zukunft

Nach seiner Rückkehr aus der Unterwelt erzählt Aeneas seinen Gefährten alles, was er dort erlebt und erfahren hat:

„Patria relicta multa pericula sustenta sunt. Periculis superatis ad Sibyllam perveni.
Sibylla de periculis novis narravit, sed mihi proposuit uxorem novam et regnum novum.
Tandem umbra Anchisae patris mihi ostendit animas posterorum meorum. Itaque magnis periculis instantibus tamen de rebus futuris fidem habebo."

_____

_____

_____

_____

_____

_____

Geschafft!

Nach dieser Lektion kann ich die Partizipialkonstruktionen erklären!

Beide **Partizipialkonstruktionen**, das _____ und der _____ . _____ . haben ein **Partizip**

und ein **Bezugswort**, die in _____, _____ und Genus übereinstimmen.

Das _____ kann in allen **Kasus** vorkommen, der _____ . _____ . nur im _____ .

Beide Partizipialkonstruktionen bilden eine eigene **Handlung**, die zu der **Haupthandlung des Satzes** in unterschiedlicher Weise in Beziehung steht. Daher gibt es jeweils mehrere Übersetzungsmöglichkeiten.

Gib jeweils verschiedene Möglichkeiten für eine sinnvolle Übersetzung an:

PC Verbis Veneris motus Aeneas consilium mutavit.

	Übersetzung als ...	Übersetzung
1		
2		
3		
4		

Abl. abs. Troiā captā Aeneas patriam reliquit.

	Übersetzung als ...	Übersetzung
1		
2		
3		

Eingangstest	Übungen	Abschlusstest

W **1.** Ordne dem lateinischen Wort jeweils seine deutsche(n) Bedeutung(en) zu:

					Zuordnung
A)	cupiditas	1)	beanspruchen; befreien, bestrafen		
B)	obtinere	2)	schwer; gewichtig; ernst, bedeutend		
C)	diversus	3)	verbinden, vereinigen		
D)	vindicare	4)	die Begierde, das Verlangen, die Leidenschaft		
E)	praedicare	5)	der Neid, die Missgunst; die Anfeindung		
F)	gravis	6)	unwillig, gegen den Willen		
G)	munire	7)	aufziehen, (er)nähren; vergrößern		
H)	coniungere	8)	der Anblick; das Blickfeld		
I)	invidia	9)	innehaben, in Besitz haben; besetzt halten		
J)	alere	10)	der Gebrauch, der Nutzen		
K)	invitus	11)	der Angriff, der Ansturm		
L)	impetus	12)	entgegengesetzt; verschieden		
M)	conspectus	13)	befestigen, bauen; wappnen		
		14)	der Name		
		15)	rühmen, verkünden		

Wenn du → ... *1* oder *2* Bedeutungen falsch zugeordnet hast, bearbeite Übung *1* auf S. *40*,
... *mehr* als *2* Bedeutungen falsch zugeordnet hast, bearbeite Übungen *1* und *2* auf S. *40*.
... *alles richtig* zugeordnet hast, gehe gleich zum **Abschlusstest** auf S. *42*.

G1 **2. u-Deklination gesucht!**

a. Unterstreiche alle Wörter, die zur u-Deklination gehören.

nomini – manus – domum – ducibus – impetum – proelium – cupiditatibus – conspectu – legi – signum

b. Setze die gefundenen Formen in die passende Lücke ein und übersetze.

Multi homines _____ hostium timent.

_____

Magna _____ militum armis victa est.

_____

Cives _____ militum territi sunt.

_____

Frater magnam _____ aedificavit.

_____

Wenn du ...*1 Form falsch eingesetzt bzw. *1* Satz falsch übersetzt hast, bearbeite Übung *3* auf S. *40*.
... **mehr** als *1* Form falsch eingesetzt bzw. **mehr** als *1* Satz falsch übersetzt hast, bearbeite Übung *3* und *4* auf S. *40* und *41*.

G2 **3. Absolut passend! Verbinde die Satzanfänge mit den Satzenden.**

1. Aenea duce	A. beanspruchte Remus die Herrschaft für sich.
2. Romulo rege	B. wurden Romulus und Remus im Tiber ausgesetzt.
3. Fratre invito	C. gelangten die Trojaner nach Italien.
4. Amulio auctore	D. gewann die Stadt Rom an Bedeutung und Größe.

Wenn du ... *1* Fehler gemacht hast, bearbeite Übung *5* auf S. *41*.
... **mehr** als *1* Fehler gemacht hast, bearbeite Übung *5* und *6* auf S. *41*.

Eingangstest	**Übungen**	**Abschlusstest**

W **1. Objekt gesucht! Setze das passende Objekt ein und übersetze:**

victoriam – urbem – liberos – regnum – cives

a. Quis _____ obtinebit? _____

b. Remus _____ sibi vindicaverat. _____

c. Lex _____ coniungit. _____

d. Faustulus _____ aluit. _____

e. Romulus _____ munivit. _____

W **2. Paare gesucht! Ordne den Substantiven ein passendes Adjektiv zu und übersetze:**

incredibili – graves – diversis – vehemens

a. locis _____   _____

b. impetus _____   _____

c. cupiditas _____   _____

d. conspectu _____   _____

G1 **3. Gleich und doch nicht gleich – Sortiere die folgenden Formen nach den verschiedenen Deklinationen:**

aetatum – impetu – rerum – proelio – signorum – nomina – metus – diebus

a-/o-Deklination	kons. Deklination	e-Deklination	u-Deklination

G1 **4.** Eine Endung – viele Bedeutungen. Bestimme die Formen der
hervorgehobenen Wörter nach Kasus, Numerus und Genus und übersetze die
Sätze.

a. Cives impetus militum valde timuerunt. *Bestimmung:* _____

_____

b. Manus militum cum civibus certavit. *Bestimmung:* _____

_____

c. Multae domus magno cum labore aedificatae sunt. *Bestimmung:* _____

_____

G2 **5.** Triff die Wahl! Wähle aus folgenden Wörtern eine sinnvolle Ergänzung für die
Lücken. Übersetze dann.

auctore – duce – rege – invito – ducibus – invita

a. Numitore _____ Romulus et Remus novam civitatem condiderunt.

_____

b. Romulus autem fratre _____ civitatem munivit.

_____

c. Nova urbs Romulo _____ augebatur.

_____

G2 **6.** Abl. abs. gesucht! Unterstreiche die Bestandteile des nominalen Abl. abs. und
übersetze.

a. Deis auctoribus Aeneas patriam reliquit.

_____

b. Aenea invito dei Troianos patriam relinquere iusserunt.

_____

_____

c. Aeneas cum Ascanio filio patre mortuo ad diversa loca pervenit.

_____

_____

Eingangstest	Übungen	Abschlusstest

a. *Unterstreiche im Text alle Wörter der u-Deklination und bestimme die Formen nach KNG.*
b. *Übersetze den Text.*

Wie es begann

Amulius vertrieb seinen Bruder Numitor vom Königsthron und machte Rhea Silvia, Numitors Tochter, zur Vestalin, damit sie kinderlos bliebe. Dennoch brachte sie die Söhne Romulus und Remus zur Welt. Amulius fürchtete, dass sie sich an ihm rächen könnten ...

Amulius plenus invidiae cupiditatisque imperii fuit. Itaque liberi Amulio auctore ad flumen Tiberim expositi[1] sunt. Ibi lupa[2] liberos clamantes invenit et fratribus consuluit. Aliquando Faustulo duce manus animalium ad Tiberim venit. Ibi Faustulus liberos invenit. Conspectu liberorum
5 commotus eos sumere et domum portare decrevit. Uxor quoque non invita fratres accepit. Faustulo et uxore vivis fratres vitam beatam agebant.

_____

_____

_____

_____

_____

_____

1 exponere, expono, exposui, expositum aussetzen   2 lupa, -ae f die Wölfin

Geschafft!

Nach dieser Lektion kenne ich alle Deklinationen!
Ergänze die Tabelle entsprechend!

	a-Dekl.		o-Dekl. (n)		e-Dekl.	
Nom. Sg.						
Gen. Sg.		servi			diei	
Dat. Sg.						
Akk. Sg.			signum			
Abl. Sg.						manū
Nom. Pl.	servae			leges		
Gen. Pl.						
Dat. Pl.						
Akk. Pl.						
Abl. Pl.						

Eingangstest	Übungen	Abschlusstest

W **1. Ordne dem lateinischen Wort jeweils seine deutsche(n) Bedeutung(en) zu:**

					Zuordnung
A)	iniquus	1)	kurz		
B)	occidere	2)	das Heer		
C)	metus	3)	erfahren, in Erfahrung bringen		
D)	preces	4)	benachbart; *Subst.* der Nachbar		
E)	exercitus	5)	die Wunde		
F)	comperire	6)	eher, lieber		
G)	brevis	7)	ungleich, ungerecht		
H)	abesse	8)	die Angst, die Furcht		
I)	iuventus	9)	die Bitten		
J)	vulnus	10)	vernachlässigen, gering schätzen, nicht beachten		
K)	aut	11)	entgegengesetzt; verschieden		
L)	infestus	12)	fort sein, weg sein; fehlen		
M)	neglegere	13)	das Verlangen, die Sehnsucht		
N)	finitimus	14)	die Jugend		
O)	desiderium	15)	untergehen; umkommen, sterben		
P)	potius	16)	oder		
		17)	der Soldat		
		18)	feindselig, kampfbereit		

Wenn du ➤ ... *1* oder *2* Bedeutungen falsch zugeordnet hast, bearbeite Übung *1* auf S. **44**,

... *mehr* Bedeutungen falsch zugeordnet hast, bearbeite Übung *1* und *2* auf S. **44** und **45**.

... *alles richtig* zugeordnet hast, gehe gleich zum **Abschlusstest** auf S. **46**.

G1 **2. Ordne den Substantiven nach KNG passende Adjektive zu:**

oratorum   veteris
mercatore   veteri
militis   divitem
domino   pauperibus
legatum   divitum
servis   paupere

Wenn du ➤ ... *1* bis *2* Adjektive falsch zugeordnet hast, bearbeite Übung *4* auf S. **45**.

... *mehr* als *2* Adjektive falsch zugeordnet hast, bearbeite Übung *3* und *4* auf S. **45**.

G2 **3.** Entscheide, ob ein Subjektsgenitiv (SG) oder ein Objektsgenitiv (OG) vorliegt:

	SG/OG
preces Romanorum	
spes salutis	
metus Romanorum	
iniuria Sabinarum virginum	
scelera Romanorum	
ira iniuriae	
uxores Romanorum	

Wenn du ⟹ ... *1* bis *2* *Fehler gemacht hast, bearbeite Übung* **6** *auf S.* **45**.
... *mehr als* *2* *Fehler gemacht hast, bearbeite Übung* **5** *und* **6** *auf S.* **45**.
... *alles richtig* *gemacht hast, gehe gleich zum* **Abschlusstest** *auf S.* **46**.

Eingangstest	**Übungen**	**Abschlusstest**

W **1.** Wo sind die Konsonanten geblieben? Ergänze die Konsonanten, die hinter den Wörtern stehen.

__ __ e __ e __ (c s p r)	die Bitten
__ e __ __ e __ e __ e (g l n g r)	vernachlässigen, gering schätzen, nicht beachten
__ e __ u __ (s m t)	die Angst, die Furcht
i __ i __ __ __ __ __ (u n s u q)	ungleich, ungerecht
__ __ e __ i __ (v r s b)	kurz
a u __ (t)	oder
__ u __ __ u __ (n v s l)	die Wunde
__ o __ __ e __ i __ e (r m r p c)	erfahren, in Erfahrung bringen

W **2.** Silbenchaos – Ordne die Silben in der richtigen Reihenfolge an und finde jeweils die passende Bedeutung.

Silben	lateinisches Wort		Bedeutung
ri-de-si-um-de			a) eher, lieber
ni-mus-fi-ti			b) feindselig, kampfbereit
iu-tus-ven			c) untergehen; umkommen, sterben
us-po-ti			d) das Verlangen, die Sehnsucht
ci-ex-tus-er			e) fort sein, weg sein; fehlen
de-re-ci-oc			f) die Jugend

tus-in-fes		g) reich; kostbar
se-es-ab		h) benachbart; *Subst.* der Nachbar
		i) die Angst, die Furcht
		j) das Heer

G1 **3. Was passt zusammen? Ordne das Adjektiv jeweils dem passenden Substantiv zu. Begründe deine Wahl.**

1 senator, -oris m der Senator

Adjektiv	Substantiv	Begründung
pauperes	senatoribus[1] – acies – virgines	
vetus	urbium – templum – dominum	
paupere	iuventute – capere – vulnere	
diviti	fratri – gentis – proelii	
divitum	domum – maritum – ducum	
vetera	femina – capita – verborum	

G1 **4. Auf dem Weg nach Rom – Folgende Gedanken könnte ein alter Mann auf dem Weg von seinem Dorf nach Rom gehabt haben.**
Ergänze jeweils das passende Adjektiv:

pauperum – vetus – divites – pauperes – vetere

„_____ sum. Comperi multos Romanos non

_____ , sed _____ esse.

Tecta hominum _____ mihi non placent.

In tecto _____ habitare nolo.“

G2 **5. Subjekts- *und* Objektsgenitiv? Kreuze an, wo man sinnvoll auf zwei Arten übersetzen kann:**

gaudium familiae		spes pacis	
ira iniuriae		timor militum	
cupiditas divitiarum[2]		dolor caedium	

2 divitiae,-arum f der Reichtum

G2 **6. Raub der Sabinerinnen – Füge die Genitive jeweils sinnvoll in die Sätze ein:**

iniuriae – Romanorum – virginum – salutis

Romani desiderio _____ incensi Sabinas rapuerunt. Virgines raptae

compererunt parentes timore _____ fugisse. Itaque omnem

spem _____ deposuerunt et ira _____ commotae fleverunt.

45

Wiederholung: Adjektive der o-/a-Deklination
Ergänze das angegebene Adjektiv jeweils in der richtigen Form:

viri (bonus, -a, -um)

dominorum (improbus, -a, -um)

cupiditati (magnus, -a, -um)

domum (finitimus, -a, -um)

regna (malus, -a, -um)

rebus (clarus, -a, -um)

usu (liber, -a, -um)

nominis (pulcher, pulchra, pulchrum)

Wenn du ▶ ... *mehr* als **2** *Formen falsch hast, lies dir die* **BG** *zu* **Lek. 8** *erneut durch und wiederhole die* **G-Übungen** *auf S.* **39–40** *in* **Arbeitsheft 1**.

Eingangstest	Übungen	Abschlusstest

a. *Ergänze folgende Formen:* **divite, vetere, divites, pauperes**
b. *Nenne zwei Objektsgenitive.*
c. *Übersetze den Text.*

Eine Sabinerin berichtet über ihr Schicksal

Einige Zeit, nachdem die Römer die Sabinerinnen gewaltsam geraubt haben, erzählt eine junge Sabinerin die Geschehnisse aus ihrer Perspektive:

„Comperi urbem a Romulo conditam et Romam appellatam esse. Ibi multi homines

_____, nonnulli _____ sunt. Romani desiderio feminarum incensi

gentem nostram ad ludos invitaverunt et nos virgines rapuerunt. Nunc mihi est maritus

Romanus. Meus amor eius viri Romani crescet. Libenter cum eo viro Romano

_____ et _____ vivam."

Eingangstest	Übungen	Abschlusstest

W **1.** Ordne dem lateinischen Wort jeweils seine deutsche(n) Bedeutung(en) zu:

					Zuordnung
A)	avaritia	1)	schließlich, zuletzt		
B)	grandis	2)	das Volk, der Volksstamm		
C)	aperire	3)	überführt; offenbar, offenkundig		
D)	postremo	4)	dumm		
E)	flagitium	5)	die Habgier; der Geiz		
F)	licentia	6)	auswärtig, ausländisch		
G)	stultus	7)	aufstellen; festsetzen; beschließen		
H)	existimare	8)	öffnen; eröffnen		
I)	natio	9)	die Tat; die Untat		
J)	mens	10)	der Götterspruch; das Schicksal		
K)	exter(us)	11)	deswegen; dorthin		
L)	statuere	12)	der Mord; der gewaltsame Tod		
M)	eo	13)	die Schande, die Schandtat, die Gemeinheit		
N)	facinus	14)	einschätzen, meinen		
O)	manifestus	15)	groß; großartig; wichtig		
P)	nex	16)	das Verbrechen; der Vorwurf; die Anklage		
		17)	die Freiheit, die Willkür		
		18)	der Geist, der Verstand		

Wenn du → ... *1* oder *2* Bedeutungen nicht richtig zugeordnet hast, bearbeite Übung *1* auf S. *48*,
... *mehr* Bedeutungen falsch zugeordnet hast, bearbeite Übung *1* und *2* auf S. *48*.
... *alles richtig* zugeordnet hast, gehe gleich zum **Abschlusstest** auf S. *50*.

G₁ **2.** Substantivisches Interrogativpronomen (sI), adjektivisches Interrogativpronomen (aI) oder beides? Kreuze an:

	sI	al
quid?		
quo?		
quis?		
quae?		

	sI	al
quod?		
quem?		
qui?		

Wenn du → ... *1* bis *2* Fehler gemacht hast, bearbeite Übung *4* auf S. *49*.
... *mehr* als *2* Fehler gemacht hast, bearbeite Übung *3* und *4* auf S. *49*.

G2 **3.** Entscheide, ob in folgenden Sätzen *dum* mit „während", „bis" oder „solange" übersetzt wird:

1. Roma urbs crescere non poterat, *dum* (_____) mulieres deerant.

2. Tarquinius scelera commisit, *dum* (_____) Brutus eum pepulit.

3. *Dum* (_____) populus dure laborat, Tarquinius conviviis intererat.

4. Brutus: „Expellite Tarquinios, *dum* (_____) aliqua spes libertatis est!"

Wenn du ➥ ... *1* Fehler gemacht hast, bearbeite Übung *6* auf S. *50*.

... *mehr* als *1* Fehler gemacht hast, bearbeite Übung *5* und *6* auf S. *49–50*.

... *alles richtig* gemacht hast, gehe gleich zum *Abschlusstest* auf S. *50*.

Eingangstest	Übungen	Abschlusstest

W **1. Die Qual der Wahl: Unterstreiche jeweils die richtige(n) Bedeutung(en):**

existimare	meinen/existieren/einschätzen
flagitium	die Gemeinheit/die Flagge/die Schandtat
stultus	schlau/gottlos/dumm
avaritia	die Sehnsucht/der Geiz/die Habgier
postremo	schließlich/danach/zuletzt
nex	der König/der Mord/der gewaltsame Tod
aperire	schließen/öffnen/eröffnen
eo	dorthin/hierhin/deswegen
facinus	die Trägheit/die Tat/die Untat

W **2. Latein als Ursprung! Führe die deutschen Wörter auf ihren lateinischen Ursprung zurück; ordne dem lateinischen Wort jeweils seine deutsche(n) Bedeutung(en) zu:**

deutsches Wort	lateinisches Ursprungswort	deutsche Bedeutung
mental		
statuieren		
Manifest		
grandios		
Lizenz		
extern		
Nation		

G1 **3. Pronomina gesucht: Ordne die passenden Pronomina jeweils den Substantiven zu:**

aliqua – quam – cuius – aliqui – aliquo – aliquibus – cui – aliquod

	facinore
	signis
	aedificia
	mentis
	orationi
	iuventutem

G1 **4. Welche Verbrechen hat Tarquinius begangen?! Markiere jeweils das richtige Pronomen und übersetze:**

1   interrogare
fragen

1. Aliquis/Aliqui interrogavit[1]: „Quis/Qui ad populum dicit?"

_____

2. Alicuius/Aliqua domina respondit: „Brutus de aliqua/aliquo re Romana."

_____

3. Tertius: „Qua/Quae de re Romana?"

_____

4. Domina: „De aliquis/aliquibus sceleribus a Tarquinio commissis."

_____

5. Tertius: „Quae/Qua scelera Tarquinius commisit?" – Domina: „Id tibi dicere nolo."

_____

_____

G2 **5. *dum* gut übersetzt! Achte bei der Wiedergabe von *dum* auf die richtige Bedeutung:**

Dum vivam, non desperabo!

_____

Te exspectavi, dum tandem venisti!

_____

Dum te exspecto, tempus non fugit!

_____

Dum ego exspecto, tu illi convivio interfuisti!

_____

G2 **6.** Noch einmal der Frauenraub! Setze sinnvoll zusammen:

1	Romulus a gentibus finitimis virgines petivit,		dum omnes ludos spectant.
2	Virgines fleverunt,		cum Sabini et Romani pacem fecerunt.
3	Iuventus Romana virgines rapuit,		quia feminae Romanis deerant.
4	Civitas Romana aucta est,		postquam parentes fugerunt.

Eingangstest	Übungen	Abschlusstest

a. *Ergänze* **quia** *und* **dum** *sinnvoll.*
b. *Ergänze eines der folgenden Pronomina:*
   aliquos, aliqui, aliquem.
c. *Übersetze den Text.*

Die Heldentat des L. Iunius Brutus

Brutus erzählt von der Vertreibung des letzten römischen Königs:

„Statui ad populum dicere, _____ Tarquinios expellere in animo habebam.

Antea audiveram _____ cives dicere: ‚Brutus stultitiam[1] fingit!'. Dixi: ‚_____

stultitiam[1] fingebam, Tarquinius vindictam[2] non timuit. Stultitia[1] me servavit!

Tarquinius multa facinora fecit: Patrem et fratrem interfici iussit, cogit vos in patria servire,

5 propter Tarquinii crudelitatem[3] Lucretia se interfecit.' Expuli Tarquinios, _____

multa scelera commiserant."

---

1 stultitia, -ae f die Dummheit   3 crudelitas, -atis f. die Grausamkeit
2 vindicta, -ae f die Rache

Eingangstest	Übungen	Abschlusstest

W 1. Ordne dem lateinischen Wort jeweils seine deutsche(n) Bedeutung(en) zu:

					Zuordnung
A)	demittere	1)	hinauswerfen, vertreiben		
B)	censere	2)	anflehen, beschwören		
C)	magistratus	3)	angreifen		
D)	eicere	4)	hinabschicken, sinken lassen		
E)	quare	5)	das Unrecht, die Beleidigung		
F)	oppugnare	6)	der Lohn; der Preis		
G)	agmen	7)	(her)ausnehmen, aufnehmen		
H)	pretium	8)	das (einfache) Volk		
I)	efficere	9)	die Pflege, die Verehrung; die Lebensweise		
J)	plebs	10)	gehen; weichen		
K)	obsecrare	11)	weswegen?; deswegen		
L)	excipere	12)	der Beamte, das Amt		
M)	cultus	13)	der Heereszug; die Schar		
		14)	durchsetzen, bewirken, vollenden		
		15)	meinen; schätzen, einschätzen		

Wenn du
… **1** oder **2** Bedeutungen nicht richtig zugeordnet hast, bearbeite Übung **1** auf S. **52**,
… **mehr** Bedeutungen falsch zugeordnet hast, bearbeite Übung **1** und **2** auf S. **51** und **52**.
… **alles richtig** zugeordnet hast, gehe gleich zum **Abschlusstest** auf S. **55**.

Iste …

G1 2. Ergänze jeweils die richtige Form von *iste*:

isti – iste – istam – ista – istud – istius – istis

Patricius: „_____ vir omnes plebeios sollicitat.

Potentia _____ viri magna est. Omnes plebeii _____ viro parent.

Sed nos _____ facinus finire et _____ turbam placare debemus …"

Wenn du
… **1** bis **2** Formen falsch zugeordnet hast, bearbeite Übung **4** auf S. **53**.
… **mehr** als **2** Formen falsch ergänzt hast, bearbeite Übungen **3** und **4** auf S. **53**.

G2 3. Ergänze jeweils die passende Form von *ipse*:

eo _____ anno

Consul _____ ad montem sacrum venit.

ante factum _____

his _____ verbis

Wenn du ➤ ... *1* bis *2* Formen falsch ergänzt hast, bearbeite Übung *6* auf S. *54*.
➤ ... *mehr* als *2* Formen falsch ergänzt hast, bearbeite Übung *5* und *6* auf S. *53* und *54*.

G₃ **4.** Markiere jeweils das Akkusativobjekt **blau** und das Prädikatsnomen im Akkusativ **rot** und vervollständige die Übersetzung:

Patricii plebeios dignos non putant. – *Die Patrizier halten* _____ *nicht*

_____ .

Plebeii Sicinium tribunum faciunt. – *Die Plebejer machen* _____

_____ .

Plebeii Menenium sapientem dicunt. – *Die Plebejer nennen* _____

_____ _____ .

Coriolanus: „Plebeii se dominos ducunt". – *Coriolan sagt: „Die Plebejer halten* _____

_____ _____ ."

Plebeii sententiam Coriolani acerbam putant. – *Die Plebejer halten* _____

des Coriolan _____ .

Wenn du ➤ ... *1* bis *2* Fehler gemacht hast, bearbeite Übung *8* auf S. *54*.
➤ ... *mehr* als *2* Fehler gemacht hast, bearbeite Übung *7* und *8* auf S. *54*.
➤ ... *alles richtig* gemacht hast, dann gehe gleich zum *Abschlusstest* auf S. *55*.

Eingangstest	Übungen	Abschlusstest

W₁ **1.** Silbenwirrwarr! Wähle jeweils eine Silbe aus den Reihen 1, 2 und 3 und ordne die entstandenen Wörter den deutschen Übersetzungen zu:

1	op-	de-	cen-	ex-	ob-	ef-	pre-
2	-se-	-fi-	-sec-	-ti-	pug-	-cip-	-mit-
3	-tere	-um	-nare	-re	-rare	-ere	-cere

der Lohn; der Preis _____

(her)ausnehmen, aufnehmen _____

durchsetzen, bewirken, vollenden _____

meinen, schätzen, einschätzen _____

anflehen, beschwören _____

angreifen _____

hinabschicken, sinken lassen _____

W **2.** Lateinisches Wort für deutschen Satz gesucht. Ordne zu und übersetze:

eicere – cultus – agmen – quare – magistratus – plebs

1. Ein Konsul ist _____ (_____).

2. _____ (_____) der Äcker wurde von den Plebejern vernachlässigt.

3. _____ (_____) leidet an Armut. _____

 (_____) leidet es an Armut?

4. Die Plebejer wollten Coriolanus aus der Stadt _____ (_____).

5. _____ (_____) von Frauen eilte in das Lager der Volsker.

G₁ **3.** Paarbildung. Bilde Paare, indem du den Substantiven passende Formen von *iste* zuordnest:

coniugibus	istud
facinus	istius
exercitui	ista
nationis	istis
maritorum	istas
lege	istorum
libidines	isti

G₁ **4.** Die richtige „Passform". Ergänze *iste* in der jeweils passenden Form:

plebis _____

magistratibus _____

agmen _____

domos _____

fines (2x) _____

pretia _____

G₂ **5.** Wir gehören zusammen … Markiere passende Verbindungen:

	domini	virgines	magistratus	legibus	spei
ipsius					
ipsis					
ipse					
ipsi					
ipsas					

G2 **6. Entscheide dich! Unterstreiche jeweils die zum Bezugswort kongruente Form von *ipse*:**

numero	ipsi/ipsius/ipse
consules	ipsas/ipsis/ipsos
domos	ipsos/ipsa/ipsas
rei	ipsa/ipsius/ipsis
facinus	ipse/ipsum/ipsam
avaritiae	ipsi/ipsa/ipsas

G3 **7. Doppelter Akkusativ oder nicht? Kreuze an, was zutrifft!**

	ja	nein
Mater Coriolani mulieres in castra Volscorum duxit.		
Plebeii Menenium sapientem esse putant.		
Menenium sapientem puto.		
Coriolanus: „Plebeii se ipsos pauperes reddiderunt."		
Redde mihi librum meum.		

G3 **8. Aus Aktiv wird Passiv ... Wandle jeweils den doppelten Akkusativ in einen doppelten Nominativ um:**

Beispiel: Plebeii patricios tyrannos dicunt. – Patricii a plebeiis tyranni dicuntur.
Nom. Akk. Akk. Präs. Akt. → Nom a + Abl. Nom. Präs. Pass.

1. Patricii plebeios sceleratos putant. – _____

2. Plebs Coriolanum hostem appellat. – _____

3. Verba Menenii patricios et plebeios beatos reddunt. – _____

Wiederholung: *is, ea, id*
Ordne die Formen von *is, ea, id* („dieser, diese, dieses") den passenden Substantiven zu:

is, ea, id	Substantiv
eas	ingenii
eorum	agminibus
eum	lex
eis	caput
eius	pedem
ea	famae

ei	coniuges
id	hominum

Wenn du ▶ ... *mehr* als *2* Formen oder Bestimmungen falsch hast, lies dir die **Begleitgrammatik** zu Lekt. *13* erneut durch und wiederhole die **G-Übungen** auf S. *61* im **Arbeitsheft 1**.

Eingangstest	**Übungen**	**Abschlusstest**

a. *Finde jeweils einen doppelten Akkusativ und einen doppelten Nominativ.*
b. *Ergänze folgende Formen von ipse: **ipsis/ipso***
c. *Übersetze den Text.*

Menenius Agrippa und Coriolan

Nachdem die Plebejer sich auf den heiligen Berg zurückgezogen hatten, versuchte Menenius Agrippa zwischen Plebejern und Patriziern zu vermitteln. Später hatte Coriolan für die Plebejer kein gutes Wort übrig:

Patricii Menenium Agrippam sapientem putabant. Itaque Menenium, cum plebs ad montem

sacrum decesserat, ad plebeios miserunt. Ibi eo _____ die fabulam de membris[1]

corporis narravit. Menenius his _____ verbis animos plebeiorum flexit. Deinde

plebeii verbis illius commoti montem sacrum reliquerunt ... Postea autem, quia Romani fame

laborabant, Coriolanus, qui fortis putabatur, dixit plebeios esse poena dignos. Sed a plebeiis

ex urbe eiectus est.

_____

1   membrum, -i n das Glied, der Teil

55

Lektion 31

| Eingangstest | Übungen | Abschlusstest |

W **1. Ordne dem lateinischen Wort jeweils seine deutsche(n) Bedeutung(en) zu:**

					Zuordnung
A)	fluctus	1)	der Lohn, die Zahlung		
B)	paene	2)	auf andere Weise, sonst		
C)	aliter	3)	hinzufügen		
D)	vastus	4)	die Flut		
E)	merces	5)	außerdem		
F)	subicere	6)	wüst, weit, unermesslich; öde		
G)	addere	7)	sicher, gewiss, bestimmt		
H)	saevus	8)	wild, grimmig		
I)	celeritas	9)	beinahe, fast		
J)	praeterea	10)	ich sage, ich behaupte		
K)	alius	11)	unterwerfen		
L)	certus	12)	unbekannt		
M)	aio	13)	ein anderer, eine andere, ein anderes		
		14)	die Schnelligkeit		
		15)	entgegenwerfen, vorwerfen		

Wenn du ... **1** oder **2** Bedeutungen falsch zugeordnet hast, bearbeite Übung **1** auf S. **57**,
... **mehr** als **2** Bedeutungen falsch zugeordnet hast, bearbeite Übung **1** und **2** auf S. **57**.
... **alles richtig** zugeordnet hast, gehe gleich zum **Abschlusstest** auf S. **59**.

G1 **2. Was wäre, wenn ...**

a. Unterstreiche die Formen des Konjunktiv Imperfekt.

attingere – exspectarent – quare – possumus – possent – ruerem – confirmarent

b. Setze diese Formen des Konjunktiv Imperfekt in die Lücken ein und übersetze:

– Si milites tandem finem belli exspectare _____, animum non demitterent.

_____

– Si milites in fluctus istius fluminis ruerent, in altera ripa hostes crudeles eos _____.

_____

– Bono animo esse possemus, si verba Alexandri animum nostrum _____.

_____

– Si in fluctus _____, animalibus saevis me obicerem.

_____

Wenn du ...*1* Form falsch eingesetzt bzw. *1* Satz falsch übersetzt hast, bearbeite Übung *3* auf S. *58*.

... *mehr* als *1* Form falsch eingesetzt bzw. *mehr* als *1* Satz falsch übersetzt hast, bearbeite Übung *3* und *4* auf S. *58*.

G2 **3.** Lückenfüller. Setze in die Lücken die passenden Formen ein.

affecti essent – addidisset – occisi essent – interfecissent

a. Si milites in flumen ruissent, hostes in altera ripa eos crudeliter _____.

b. Multi milites _____, nisi bellum celeriter finitum esset.

c. Si Alexander cum militibus fontem vitae aeternae invenisset, omnes gloria aeterna

_____.

d. Alexander rebus gestis victoriam maximam _____, si ad mundi finem pervenisset.

Wenn du ... *1* Form falsch eingesetzt hast, bearbeite Übung *5* auf S. *58*.

... *mehr* als *1* Form falsch eingesetzt hast, bearbeite Übungen *5* und *6* auf S. *58* und *59*.

... *alles richtig* zugeordnet hast, gehe gleich zum *Abschlusstest* auf S. *59*.

Eingangstest	Übungen	Abschlusstest

W **1.** Versteckspiel. Im Gitterrätsel sind 6 Vokabeln aus Lektion 31 versteckt. Finde sie und gib ihre Bedeutung an.

P	L	A	V	P	F	L	T	Q
C	E	L	E	R	I	T	A	S
L	X	I	F	A	P	Q	G	U
B	X	U	D	E	C	A	B	B
R	V	S	Q	T	G	L	Q	I
O	I	W	Q	E	H	I	E	C
I	A	T	M	R	G	T	H	E
I	A	D	D	E	R	E	C	R
V	M	D	R	A	L	R	M	E

_____

_____

_____

_____

_____

_____

W **2.** Paare gesucht! Unter den folgenden Wörtern befinden sich jeweils zwei mit ähnlichen Bedeutungen. Finde die Paare und gib die Bedeutungen an:

tutus – saevus – fere – dixit – fluctus – vastus – merces – certus – paene – praemium – crudelis – flumen – ingens – aio

1. _____

2. _____

3. _____

4. _____

5. _____

6. _____

7. _____

G1 **3. Was wäre, wenn … Zwei Schüler unterhalten sich. Unterstreiche die Formen im Konjunktiv Imperfekt und übersetze:**

1 discipulus, -i m der Schüler

a. Discipulus[1]: „Si imperator essem, in proelio fortiter pugnarem.“

_____

2 philosophus, -i m der Philosoph

b. Discipulus[1] alius: „Si philosophus[2] essem, contentus et aequo animo essem.“

_____

3 magister magistri m der Lehrer

c. „Nisi magister[3] nobis fabulas de Alexandro imperatore narraret, magnitudinem eius non

intellegeremus.“

_____

d. „Si magistrum[3] semper audiremus, de vita imperatoris clari bene instructi essemus.“

_____

G1 **4. Zwei Teile – ein Satz. Verbinde die Haupt- und Gliedsätze sinnvoll und übersetze.**

A. Si miles in acie vulneribus gravibus afficeretur,	1. milites metu afficerentur.
B. Si bellum finiretur,	2. bellum finiretur.
C. Nisi Alexander tam fortis esset,	3. non iam pugnare posset.
D. Si milites pugnare desinerent,	4. milites vitam iucundam agerent.

G2 **5. Triff die Wahl! Entscheide dich für die passende Form und übersetze:**

a. Alexander: „Nisi Corinthum _____ (venisset/venirem/venissem), Diogenem philosophum non cognovissem.

_____

b. Si Diogenes me salutavisset, ad eum _____ (properavissem/properarem/quaesivissem).

_____

c. Nisi sol _____ (arsisset/addidisset/arderet), Diogenes in sole iacere non potuisset.

_____

d. Si eum salutavissem, mihi aliter _____ (quaesivisset/respondisset/respondissem).

_____

G2 **6. Wollen oder lieber nicht? Setze die passende Form von _velle_, _nolle_ oder _malle_ ein und übersetze:**

a. Alexander: „Si _____, finem mundi invenissem _____.

b. Nisi milites a me tantam mercedem accepissent, pugnare _____.

c. Nisi dux bonus essem, milites ducem alium _____."

| Eingangstest | Übungen | Abschlusstest |

a. *Unterstreiche im lateinischen Text alle Formen im Konjunktiv Imperfekt* **blau** *und alle Formen im Konjunktiv Plusquamperfekt* **rot**.
b. *Übersetze den Text.*
c. *Wie könnte Alexander sein Problem lösen?*

Eine schwere Entscheidung

Im Jahre 334 v. Chr. hatte Alexander sein Heer gegen den Perserkönig Darius geführt und erkrankte schwer, nachdem er in einem eiskalten Fluss gebadet hatte. Als ihm ein Arzt die möglicherweise rettende Medizin bringt, überlegt Alexander, ob er dem Arzt vertrauen kann.

Alexander secum cogitavit: „Nisi in fluctus ruissem, morbo[4] gravi affectus non essem. Beatus essem, si medicina[5], quam medicus[6] mihi dare vult, me servaret. Possumne medico[6] credere? Fortasse medicus[6] me necare in animo habet. Nisi medicinam[5] ignotam sumpsero, morte certa afficiar. Sin[7] medicina[5] me morbo[4] liberaret, contentus essem."

4 morbus, -i m die Krankheit
5 medicina, -ae f das Heilmittel, die Medizin
6 medicus, -i m der Arzt
7 sin wenn aber

Lektion 32

Eingangstest	Übungen	Abschlusstest

W **1. Ordne dem lateinischen Wort jeweils seine deutsche(n) Bedeutung(en) zu:**

						Zuordnung
A)	somnus	1)	an Land ziehen; stehlen, wegnehmen			
B)	praecipere	2)	sehen, erkennen			
C)	natus	3)	das Joch; das Gespann; der Bergrücken			
D)	subducere	4)	entsenden, wegschicken, entlassen			
E)	os	5)	geboren			
F)	discedere	6)	der Hafen			
G)	flamma	7)	schwören			
H)	iugum	8)	zusammen			
I)	cernere	9)	auseinandergehen; weggehen			
J)	unda	10)	ausliefern, übergeben			
K)	dimittere	11)	vorwegnehmen; vorschreiben, lehren			
L)	una	12)	die Flamme			
M)	dedere	13)	die Welle, die Woge			
N)	iurare	14)	meiden, vermeiden			
O)	vitare	15)	der Schlaf			
		16)	der Mund, das Gesicht			

Wenn du ... *1* oder *2* Bedeutungen falsch zugeordnet hast, bearbeite Übung *1* auf S. *61*,
... *mehr* als *2* Bedeutungen falsch zugeordnet hast, bearbeite Übung *1* und *2* auf S. *61*.
... *alles richtig* zugeordnet hast, dann gehe gleich zum **Abschlusstest** auf S. *63*.

G1 **2. Zwei Wörter – viele Bedeutungen. Übersetze *ut* bzw. *cum*:**

a. Pater petivit, ut Hannibal iusiurandum iuraret.

_____

b. Cum Hannibal puer esset, tamen pater eum ad aram duxit.

_____

1 odium, **c.** Odium[1] Hannibalis tantum erat, ut semper hostis Romanorum esset.
-i n der Hass

_____

d. Hannibal magna cum virtute pugnavit, ne vinceretur.

_____

Wenn du → ... *1* *Satz falsch übersetzt hast, bearbeite Übung* **3** *auf S.* **62**.

... *mehr als* **1** *Satz falsch übersetzt hast, bearbeite Übung* **3** *und* **4** *auf S.* **62**.

G2 **3.** Form gesucht!

a. Markiere alle Formen des Konjunktiv Präsens:

invenies – iurant – velimus – subducamus – cernatur – vitetis – praecipient – navigas – discedat – sint – sentiat – dedam – dimittemini

b. Setze die passenden Formen aus Aufgabe G2 3a in die Lücken ein und übersetze:

2   frigora, -um n Pl. die Kälte; das kalte Wetter

– Hannibal ad uxorem: „Petisne, ut te frigoribus^2 montium _____?"

– Imilce maritum obsecrat, ne e suo conspectu _____.

– Imilce: „Te sociosque oro, ut pericula _____."

Wenn du → ... *1* *Fehler gemacht hast, bearbeite Übung* **5** *auf S.* **62**.

... *mehr als* **1** *Fehler gemacht hast, bearbeite Übung* **5** *und* **6** *auf S.* **62** *und* **63**.

... *alles richtig zugeordnet hast, dann gehe gleich zum* **Abschlusstest** *auf S.* **63**.

Eingangstest	Übungen	Abschlusstest

W **1.** Silbensalat: Setze sinnvoll zu lateinischen Wörtern zusammen:

ce – ci – de – de – de – dis – duc – e – iu – iug – pe – prae – ra – re – re – re – re – re – re – sub – ta – um – vi

a. auseinandergehen; weggehen _____

b. meiden, vermeiden _____

c. an Land ziehen; stehlen, entziehen _____

d. ausliefern, übergeben _____

e. das Joch; das Gespann; der Bergrücken _____

f. schwören _____

g. vorwegnehmen; vorschreiben, lehren _____

W **2.** Bedeutungen gesucht! Was passt jeweils ...?

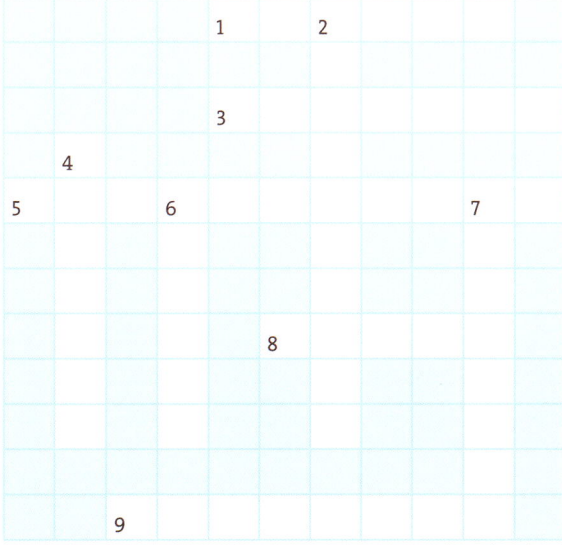

Waagerecht:
1 flamma
3 os
5 dimittere
8 unda
9 una

Senkrecht:
2 dedere
4 natus
6 somnus
7 cernere

G1 **3.** Triff die Wahl! Wähle die jeweils passende Bedeutung für *ut* bzw. *cum*:

a. Populus Romanus deos oravit, ut Hannibalem interficerent.

_____

b. Hannibal tantus hostis Romanorum erat, ut cum Romanis pacem facere nollet.

_____

c. Cum Hannibal laboribus pugnae fortiter se dedidisset, milites quoque magna cum virtute pugnabant.

_____

d. Cum exercitus Romanus ei saepe resisteret, tamen Hannibal non desperavit.

_____

G1 **4.** Lückenfüller: Setze die richtige Form ein und übersetze: *cum (2) – ut (2) – ne*

a. _____ preces Romuli neglectae essent, insidias Sabinis paravit.

_____

b. Gentem finitimam invitavit, _____ filias eius raperet.

_____

c. Iuvenes filias Sabinorum rapuerunt, _____ sine uxoribus viverent.

_____

d. Sabini discesserunt, _____ sine armis venissent.

_____

e. Ira Sabinorum tanta fuit, _____ filias suas armis liberare cuperent.

_____

G2 **5.** Prädikat verschwunden! Bilde aus den Infinitiven jeweils die passende Form im Konjunktiv Präsens:

a. Non semper contingit, ut naves e tempestatibus _____ (servare).

b. Itaque et viri et feminae gubernatorem[1] obsecrant, ut cito in portum _____ (navigare).

c. Multi eorum, cum gubernatori[1] _____ (credere), tamen tempestatem vehementer metuunt.

1 gubernator, -oris m der Steuermann

G2 **6. Triff die Wahl! Setze die passende Form ein und übersetze:**

a. Hannibal ab uxore petit, ut una cum filio Carthaginem _____ (naviget/

navigaret/navigavisset).

_____

b. Hannibal: „Cum te _____ (amo/amarem/amem), praecipio, ut me _____

(deseras/desereres/deseruisses).

_____

c. Nomen gentis Romanae exstinguam, ut Carthaginienses in aeternum victores _____

(essent/sint/sunt)."

_____

Eingangstest	Übungen	Abschlusstest

a. *Markiere im Text alle Subjunktionen mit dem Konjunktiv.*
b. *Suche aus dem Text alle Wörter heraus, die Verben des Begehrens sind:*

_____

_____

c. *Übersetze den Text.*

Eine letzte Bitte

*Am Ende ihres Streitgesprächs wagt Imilke
einen letzten Versuch Hannibal umzustimmen.*

„Me rogavisti, ut te una cum filio nostro
relinquerem. Nos dimittis, ut pericula vitemus,
cum tu periculis belli te dedas. Te oro,
ne discedas. Semper flamma amoris mei magna
5 erat. Itaque te obsecro, ne me dimittas.
An optas[4], ut cura vitam perdam?
Tibi filium peperi, ut a nobis aleretur.
Ergo salvus redi[5], ne filius noster os tuum
solum in somno ante oculos habeat!"

4 optare
  wünschen
5 redire
  zurückkehren

_____

_____

_____

_____

_____

_____

_____

Geschafft!

*Nach dieser Lektion kenne ich die verschiedenen Bedeutungen von **ut** und **cum**!*

Ut und **cum** sind vielseitige Wörter mit verschiedenen Bedeutungen.
Für deine Übersetzung ist es zunächst wichtig, dass du die verwendete Wortart bestimmst.
Danach geht es darum, dass du die jeweilige Sinnrichtung erkennst.

Cum als Subjunktion kann mit _____ oder mit _____ stehen,

während **ut** als Subjunktion immer mit _____ steht.

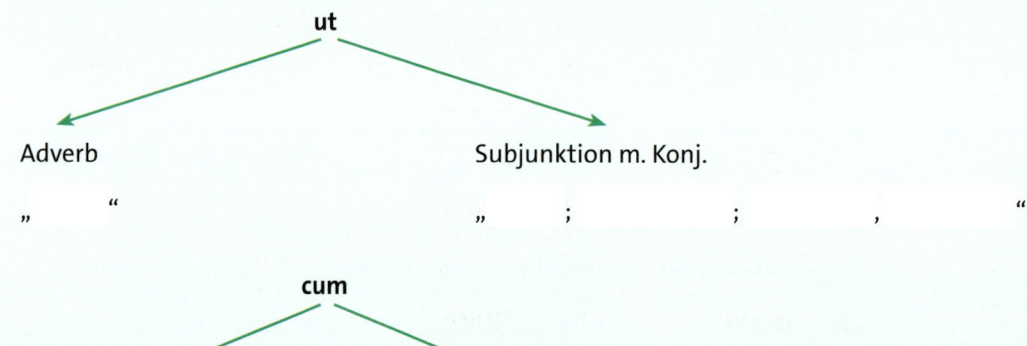

ut

Adverb   Subjunktion m. Konj.

„   "   „   ;   ;   ,   "

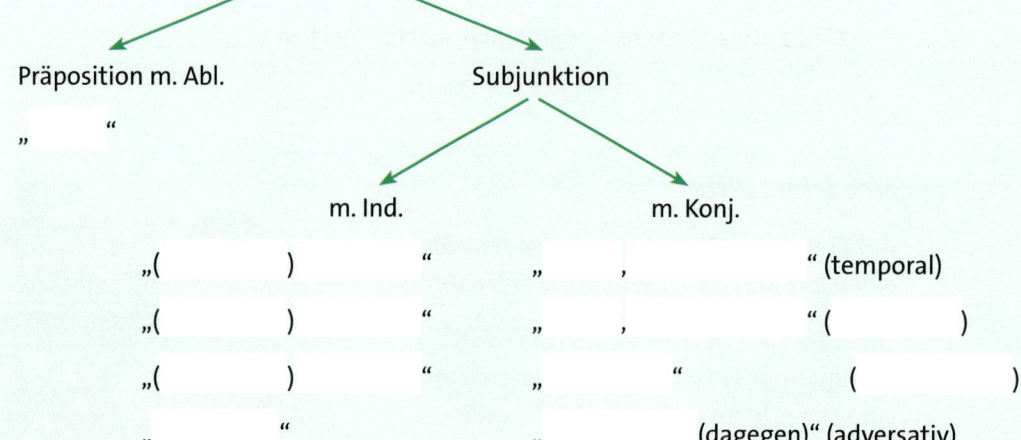

cum

Präposition m. Abl.   Subjunktion

„   "

                              m. Ind.   m. Konj.

„(   )   "   „   ,   " (temporal)

„(   )   "   „   ,   " (   )

„(   )   "   „   "   (   )

„   "   „   (dagegen)" (adversativ)

Eingangstest	Übungen	Abschlusstest

W **1. Ordne dem lateinischen Wort jeweils seine deutsche(n) Bedeutung(en) zu.**

						Zuordnung
A)	pariter	1)	freiwillig; sogar, noch dazu			
B)	incedere	2)	nur; eben noch, gerade			
C)	divus, -a, -um	3)	wahrnehmen, bemerken; *(in m. Akk)* einschreiten gegen, bestrafen			
D)	despicere	4)	einherschreiten; eintreten			
E)	ultro	5)	umgeben, umzingeln, umschließen			
F)	nobilis, -e	6)	zweifeln, unschlüssig sein; *(m. Inf.)* zögern (zu tun)			
G)	sive	7)	es entgeht mir			
H)	me fugit	8)	in gleicher Weise			
I)	circumdare	9)	vornehm, adelig; berühmt			
J)	modo	10)	göttlich			
K)	animadvertere	11)	durchsetzen, erreichen			
		12)	oder, beziehungsweise			
		13)	herabsehen (auf), verachten			

Wenn du   ... **1** oder **2** Bedeutungen nicht richtig zugeordnet hast, bearbeite Übung **2** auf S. **66**,
... **mehr** als **2** Bedeutungen falsch zugeordnet hast, bearbeite Übung **1** und **2** auf S. **66**.
... **alles richtig** zugeordnet hast, gehe gleich zum **Abschlusstest** auf S. **67**.

G₁ **2. Bestimme die Prädikate in den Nebensätzen. Übersetze dann die Sätze.**

Caesar dictator est, cum ... _____

a. Pompeium vicerit. _____

1 persuadere, persuadeo, persuasi überreden, überzeugen

b. multos populos subiecerit. _____

c. Pompeii socii ab eo victi sint. _____

d. multis patribus persuaserit[1]. _____

Wenn du   ... **2** Formen nicht bestimmen konntest, bearbeite Übung **4** auf S. **66**.
... **mehr** als **2** Formen nicht bestimmen konntest, bearbeite Übung **3** und **4** auf S. **66**.

G₂ **3. Sehr neugierig ... : Übersetze und gib jeweils an, um welche Art der indirekten Frage es sich handelt.**

2 curiosus, -a, -um neugierig

Miles curiosus[2] rogat, ...

a. ... ubi Caesar sit. _____

b. ... cur milites in Aegyptum navigent. _____

c. ... quis Cleopatra sit. _____

3 vere wirk-
lich, in der Tat **d.** ... num Caesar reginam Aegypti vere[3] amet. _____

e. ... utrum Cleopatra Romam veniat an non. _____

Wenn du ➥ ... **1** oder **2** Sätze falsch analysiert hast, bearbeite Übung **6** auf S. **67**.
... **mehr** als **2** Sätze falsch analysiert hast, bearbeite Übung **5** und **6** auf S. **67**.
... **alle** Sätze **richtig** analysiert hast, gehe gleich zum **Abschlusstest** auf S. **67**.

Eingangstest	Übungen	Abschlusstest

W **1. Partnersucher: Ordne die Vokabeln der richtigen Kategorie zu:**

ultro – animadvertere – pariter – circumdare – nobilis – incedere – sive – modo

Verb	Adjektiv	Adverb	Konjunktion

W **2. Verwandtschaft: Gib jeweils ein lateinisches Wort der Wortfamilie an.**

a. despicere: _____   **c.** me fugit: _____

b. divus, -a, -um: _____   **d.** animadvertere: _____

G1 **3. Caesar – ein Mann mit zwei Gesichtern. Ergänze die Prädikate und übersetze.**

a. Senatus rem publicam in discrimine esse putat, cum Caesar eam magna vi_____.

_____

b. Caesar multis nationibus imperat, cum has_____.

_____

c. At celeber est, cum populus Romanus ei summos honores_____.

_____

4 clementia,
-ae f Milde,
Nachsicht **d.** Clementia[4] illius celebris est, cum Caesar in inimicos crudeliter non_____.

_____

5 regere,
rego, rexi
lenken, leiten tribuerit – rexerit[5] – vindicaverit – oppresserit

G1 **4. Formenschlange: Bilde jeweils die vorgegebenen Formen in der Schlange.**

	Perfekt	Konjunktiv	Plural	Passiv
Bsp: vocas	vocavistis	vocaveris	vocaveritis	vocati, -ae sitis
despicio				
circumdabat				
animadvertit				

G2 **5.** Fragen über Fragen – Cleopatra ist neugierig, aber auch unsicher. Übersetze.

a. Cleopatra rogat, cur Caesar in Aegyptum venerit.

6 secrectus, **b.** Milites Caesaris rogant, num Caesar consilia secreta[6] ceperit.
-a, -um
geheim

c. Cleopatra dubitat, num Caesar verum dixerit.

G2 **6.** Calpurnia, Caesars Ehefrau, befragt Caesar! Mache die Sätze abhängig von
Calpurnia scire vult:

a. „Ubi tam diu fuisti?"   **c.** „Quid ibi fecisti?"

b. „Cur in Aegypto fuisti?"   **d.** „Cur Cleopatrae adfuisti?"

Eingangstest	Übungen	Abschlusstest

a. *Kennzeichne die Gliedsätze, die im Konjunktiv stehen.*
b. *Übersetze den Text.*

Caesar und Cleopatra

*Caesar war nach Ägypten gekommen; dort gab es Streitigkeiten
zwischen Kleopatra und ihrem Bruder um die Herrschaft.*

Cleopatra regnum Aegypti obtinere vult.
Caesar primo dubitat, sed deinde
7 Nilus,   Cleopatrae regnum tribuit, cum Cleopatra
Nili m der Nil   ei persuaserit[1]. Nilum[7] navigant et
(Fluss)
5 multa aedificia Aegyptiorum spectant.
Paulo post regina dubitat, utrum Caesar
Cleopatram amet an non. Quaerit, num
8 potestas,   Caesar imprimis potestatem[8] suam
-atis f die   augere velit.
Macht
10 Postremo autem Cleopatra cum Caesare
Romam venit et apparet eam reginam
Caesaris esse.

Lektion 34

Eingangstest   Übungen   Abschlusstest

W **1.** Finde die entsprechenden lateinischen Vokabeln zu den rechts angegebenen deutschen Bedeutungen.

											weggehen, abtreten, zurücktreten
N	A	B	I	R	E	M	S	S	C	T	das Erz, die Bronze, das Geld
M	L	S	N	E	N	M	I	O	U	E	der Wagen
A	E	E	I	M	P	O	N	E	R	E	zufällig
X	R	A	R	L	R	A	U	P	R	Q	hineinstellen, auferlegen
I	O	A	E	S	A	H	S	S	U	U	hineingehen, betreten; beginnen
M	P	L	H	E	E	L	E	U	S	A	die Hilfe, die Kraft; *Pl.* der Reichtum, die Macht
E	D	A	L	D	D	T	H	F	I	M	sitzen, dasitzen
F	O	R	T	E	A	D	I	R	E	O	die Beute, die Kriegsbeute; *Pl.* die Beutestücke
P	F	M	D	R	S	T	I	M	L	B	herangehen, aufsuchen, auf sich nehmen, angreifen
F	U	N	D	E	R	E	E	C	T	R	gießen, ausschütten; verjagen
T	C	N	R	I	C	O	I	L	N	E	der Bogen; die Bucht; die Brust
E	U	S	O	P	S	E	T	L	I	M	am meisten; ganz besonders
											weswegen?, deswegen

Wenn du ... *1* oder *2* Vokabeln nicht richtig zugeordnet hast, bearbeite Übung *2* auf S. **69**,
... *mehr* als *2* Vokabeln falsch zugeordnet hast, bearbeite Übung *1* und *2* auf S. **69**.
... *alles richtig* zugeordnet hast, gehe gleich zum **Abschlusstest** auf S. **71**.

G1 **2.** Bestimme die Formen von *ire*.

a. eas: _____ f. ite!: _____

b. istis: _____ g. eo: _____

c. isset: _____ h. ieram: _____

d. iremus: _____ i. iero: _____

e. isse: _____ j. euntis: _____

Wenn du ... *2* Formen nicht bestimmen konntest, bearbeite Übung *4* auf S. **71**.
... *mehr* als *2* Formen nicht bestimmen konntest, bearbeite die Übung *3* und *4* auf S. **71**.

G2 **3.** Wessen Besitz oder Aufgabe ist es? Übersetze die Sätze.

Consulum est ...

1 regere
lenken, leiten,
regieren

a. ... urbem imperio regere[1]. _____

b. ... saluti rei publicae providere. _____

c. ... exercitui praeesse. _____

Wenn du   ... **1** Satz falsch übersetzt hast, bearbeite Übung **6** auf S. **70**.

... **mehr** als **1** Satz falsch übersetzt hast, bearbeite Übung **5** und **6** auf S. **70**.

G₃ **4. Übersetze die Sätze.**

a. Caesar rei publicae periculo fuit. Quamobrem Brutus et alii eum interfecerunt.

_____

b. Brutus vir fortis fuit. Cui multi amici et socii adfuerunt.

_____

c. Antonius post mortem Caesaris animos senatorum[2] accendit[3]; quae cum ita essent, Brutus ex urbe fugere debuit.

_____

d. Quare mater Bruti tristis fuit.

_____

2 senator, -oris m der Senator
3 accendere, accendo, accendi entflammen, aufhetzen

Wenn du   ... **1** Satz falsch übersetzt hast, bearbeite Übung **8** auf S. **71**.

... **mehr** als **1** Satz falsch übersetzt hast, bearbeite Übung **7** und **8** auf S. **70** und **71**.

... **alle** Sätze **richtig** übersetzt hast, gehe gleich zum **Abschlusstest** auf S. **71**.

Eingangstest	Übungen	Abschlusstest

W **1. Verwandtschaften: Finde zu den angegebenen Wörtern, die du aus dem Englischen, Deutschen oder Lateinischen kennst, verwandte neue Vokabeln aus Lekt. 34:**

a. opulent _____   d. maximal _____

b. Initiative _____   e. imposant _____

c. Abitur _____   f. Infusion _____

W **2. Der Blick auf's Ganze ... Erkenne die lateinischen Wörter mit Hilfe der deutschen Übersetzungen und ergänze die fehlenden Buchstaben:**

a. __ __ s: das Erz, die Bronze, das Geld

b. __ d __ r __: herangehen, aufsuchen, auf sich nehmen, angreifen

c. pr __ __ d __: die Beute, die Kriegsbeute; _Pl._ die Beutestücke

d. s __ n __ s: der Bogen; die Bucht; die Brust

e. f __ rt __: zufällig

f. c __ rr __ s: der Wagen

g. s __ d __ r __: sitzen, dasitzen

h. qu __ m __ br __ m: weswegen?, deswegen

G1 **3. Partnersuche: Ordne die Formen von *ire* der richtigen Zeit zu.**

Futur I	Präsens	Imperfekt	Perfekt	Plusquamperfekt	Futur II

ibitis – ierunt – eo – ibamus – iero – ieratis – eamus – irent

ibunt – isses – iit – ibam – is – ibis – ierim – isset

G1 **4. Formenschlange: Bilde jeweils die entsprechenden Formen von *ire* in der Schlange.**

a.	Präsens	Perfekt	Konjunktiv	Plural	Indikativ
	it				
b.	Perfekt	Imperfekt	Singular	Indikativ	Präsens
	ierimus				
c.	Futur I	Plural	Plusquamperfekt	Konjunktiv	Imperfekt
	ibit				

G2 **5. Eine Frage der Zugehörigkeit: Übersetze die Wortgruppen ins Lateinische.**

a. es ist Aufgabe des Vaters _____

b. es ist die Pflicht des Volkes _____

c. es ist die Aufgabe von Senatoren _____

G2 **6. Streichkonzert: Wähle aus, welche Eigenschaft oder Aufgabe passt:**

a. Servorum est cenam parare/curiam intrare/domino non parere.

b. Fidei est amico credere/amicum relinquere/amicum interficere.

c. Consulis est rem publicam gerere/villas aedificare/cenam parare.

G3 **7. Anschluss gesucht? Entscheide, ob es sich um einen Relativsatz oder einen relativischen Satzanschluss handelt, und setze an der passenden Stelle ein:**

a. Brutus, _____ Caesarem interfecit, vir fortis fuit.

b. _____ Bruto multi amici fuerunt.

4 vituperare
tadeln,
kritisieren

c. Sed Antonius, _____ amicus Caesaris erat, factum Bruti vituperavit[4].

d. _____ Antonius poposcit, ut Brutus ex urbe exiret.

e. _____ cum Cassio socio fugit.

qui – Quae cum ita essent, – qui – Quare – Qui

G₃ **8. Ein Wort oder ein Satz? Kennzeichne, worauf sich das Relativpronomen bezieht, und übersetze:**

a. Postquam Brutus fugit, Antonius urbi imperavit. Qui vir sceleratus erat.

b. Pecuniam aliorum rapuit et aes alienum fecit. Quamobrem Cicero eum vituperavit[4].

c. Praeterea Cicero dixit Antonium contra rem publicam liberam bellum inire. Quare Cicero poposcit, ut Antonius urbe exiret.

d. Constat rem publicam in discrimine fuisse. Quae a patribus conservari debuit.

Eingangstest	Übungen	Abschlusstest

a. *Kennzeichne die Relativsätze **blau** und die Sätze mit relativischem Satzanschluss **rot**.*
b. *Übersetze den Text.*

Antonius – eine neue Gefahr für den Staat

Cicero kritisiert Antonius in einer Rede und mahnt die Senatoren zugleich zur Vorsicht.

Antonius, qui consul erat, contra
Brutum eiusque socios bellum inire
voluit.
Quare res publica in discrimine fuit.
5 Antonius dictaturam[5] petivit. Quae cum
ita essent, Cicero Antonium acriter
vituperavit[4]. Cui obiecit opes patris
fudisse et aes alienum fecisse.
Praeterea Cicero senatum monuit:
10 „Patrum est rem publicam conservare
et pacem confirmare.“

5 dictatura,
-ae f die Diktatur

71

Lektion 35

Eingangstest	Übungen	Abschlusstest

W **1.** Erkenne die lateinischen Wörter mit Hilfe der deutschen Übersetzungen und ergänze die fehlenden Buchstaben.

a. t__rg_m   der Rücken

b. v__r____s   vielfältig, verschieden, bunt

c. qu__n   dass

d. __rd__   die Ordnung, die Reihe, der (gesellschaftliche) Stand

e. t__rr__r   der Schrecken, die Angst

f. s__ng____s   das Blut

g. l__ng__s   lang, lang anhaltend

h. __ff__r____   herbeibringen, bringen; melden

i. sp__rg__r__   streuen, ausstreuen, besprengen

Wenn du ... *1* oder *2* Bedeutungen nicht richtig zugeordnet hast, bearbeite Übung *2* auf S. *73*,

... *mehr* als *2* Bedeutungen falsch zugeordnet hast, bearbeite Übung *1* und *2* auf S. *73*.

... *alles richtig* zugeordnet hast, gehe gleich zum **Abschlusstest** auf S. *75*.

G1 **2.** Bestimme die Formen von *ferre* und Komposita.

a. confers: _____

b. referuntur: _____

c. profertur: _____

d. afferat: _____

e. infertis: _____

f. ferte!: _____

g. tulisti: _____

h. conferrent: _____

i. allata sunt: _____

j. rettulisset: _____

Wenn du ... *2* Formen nicht bestimmen konntest, bearbeite Übung *4* auf S. *74*.

... *mehr* als *2* Formen nicht bestimmen konntest, bearbeite Übung *3* und *4* auf S. *73–74*.

G2 **3.** Tausche den Numerus der Imperative und übersetze beide Varianten.

a. Ducite equos! _____

b. Fer aquam! _____

c. Fac negotia! _____

Wenn du ... *1* Satz falsch gebildet oder übersetzt hast, bearbeite Übung *6* auf S. *74*.

... *mehr* als *1* Satz falsch gebildet oder übersetzt hast, bearbeite Übung *5* und *6* auf S. *74*.

G3 **4.** Übersetze die Sätze.

1 impendere drohen   a. Multi homines timuerunt, ne pericula impenderent[1].

_____

b. Periculum erat, ne Antonius bellum faceret.

_____

2 redire zurückkehren   c. Octavianus metuit, ne Antonius ex Aegypto rediret[2].

_____

Wenn du ➤ ... **1** *Satz falsch übersetzt hast, bearbeite Übung* **8** *auf S.* **74**.

... **mehr** *als* **1** *Satz falsch übersetzt hast, bearbeite Übung* **7** *und* **8** *auf S.* **74**.

G4 **5.** Bilde die passenden Formen von *idem, eadem, idem* zu den angegebenen Nomina.

a. _____ tergo   e. _____ terrores

b. _____ ordinem   f. _____ manu

c. _____ imaginis   g. _____ hostibus

d. _____ praedae   h. _____ bellum

Wenn du ➤ ... **2** *Formen nicht bilden konntest, bearbeite Übung* **10** *auf S.* **75**.

... **mehr** *als* **2** *Formen nicht bilden konntest, bearbeite die Übungen* **9** *und* **10** *auf S.* **75**.

... **alle** *Formen* **richtig** *hast, gehe gleich zum* **Abschlusstest** *auf S.* **75**.

Eingangstest	Übungen	Abschlusstest

W **1.** Wortarten: Ordne die Wörter der richtigen Kategorie zu.

Substantiv	Verb	Adjektiv

afferre – varius – ordo – terror – spargere – longus – sanguis

W **2.** Partnersuche: Ordne die deutschen Bedeutungen den lateinischen Wörtern richtig zu:

streuen, ausstreuen, besprengen – herbeibringen, bringen; melden – lang, lang anhaltend – das Blut – der Schrecken, die Angst – die Ordnung, die Reihe, der (gesellschaftliche) Stand – dass – vielfältig, verschieden, bunt – der Rücken

lateinisches Wort	deutsche Bedeutung(en)	lateinisches Wort	deutsche Bedeutung(en)
terror		longus	
sanguis		ordo	
spargere		quin	
tergum		afferre	
varius			

G1 **3.** Formenreihe: Welche Form passt nicht? Begründe kurz.

a. feruntur – ferebam – latus eram – fero _____

b. ferrem – ferrer – ferar – fertur _____

c. ferre – fer – tulisse _____

d. latus es – fers – fertis – feras _____

G1 **4. Formenschlange: Bilde jeweils die entsprechenden Formen von *ferre* in der Schlange.**

a.	Präsens	Perfekt	Konjunktiv	Plural	Imperfekt
	fers				
b.	Perfekt	Imperfekt	Singular	Konjunktiv	Präsens
	tulerunt				
c.	Futur I	Singular	Plusquamperfekt	Passiv	Imperfekt
	feremus				

G2 **5. Anweisungen beim Gastmahl: Setze die passende Verbform ein.**

Der Hausherr gibt seinen Sklaven Aulus und Severus Anweisungen für das Gastmahl:

a. „Aule et Severe, _____ convivium!"

b. „Aule, _____ cibos!"

c. „Severe, _____ hospites!"

d. „Aule et Severe, _____ hospites in villam!"

saluta – parate – ducite – affer

G2 **6. Regeln: Übersetze die folgenden Sätze.**

a. Refer de pace! _____

b. Dicite semper verum! _____

c. Fac pacem! _____

d. Ducite equos! _____

G3 **7. Ich fürchte, dass ...: Übersetze die Sätze.**

a. Timeo, ne veniat. _____

b. Metuo, ne servae nos audiverint. _____

c. Periculum est, ne servae omnia inimicis narrent. _____

d. Timeo, ne Antonius Octaviano bellum inferat. _____

G3 **8. Sorgen und Gefahren: Übersetze die Sätze.**

a. Periculum erat, ne bellum terra marique gereretur.

_____

3 delere
zerstören

b. Victi timuerunt, ne multa simulacra et templa delerentur[3].

_____

c. Cives metuerunt, ne Antonius Octaviano bellum inferret.

_____

G4 **9. Formenschlange: Bilde die angegebenen Formen von *idem* und übersetze.**

a.

Dat. Sg. f	Plural	Akkusativ	Nominativ	Singular
eidem				
derselben				

b.

Akk. Pl. f	Genitiv	Singular	Ablativ	Plural
easdem				
dieselben				

G4 **10. Formenreihe: Kennzeichne die Form von *idem*, die passt, und übersetze.**

a. _____ (Eundem/Eandem/Eadem) portam video.

_____

b. Omnes sciunt _____ (eaedem/idem/eadem) pericula impendere[1].

_____

c. Milites _____ (eisdem/eosdem/eidem) imperatoribus paruerunt.

_____

Eingangstest	Übungen	Abschlusstest

a. *Übersetze den Text.*
b. *Beantworte die Fragen lateinisch.*

Das Triumvirat – eine schwierige Situation

Antonius, Octavianus und Lepidus herrschten gemeinsam über das Römische Reich. Bald war die Situation allerdings angespannt und es kam zum Krieg.

4 regere regieren

5 pars, partis f der Teil

6 triumvir, -i m der Triumvir

7 discordia, -ae f die Zwietracht

Antonius cum Cleopatra regina Aegyptum regebat[4]. _____

Octavianus et Lepidus aliis partibus[5] imperii Romani _____

imperabant. Sed inter triumviros[6] discordia[7] erat. Itaque _____

5 periculum erat, ne quis triumvirorum[6] bellum faceret. _____

Octavianus timebat, ne Antonius potentior esset. _____

Tandem alter altero bellum intulit. Paulo post Antonius _____

10 et Cleopatra victi sunt, Octavianus triumphum egit. _____

Cives: „Dicite ‚Io Triumphe!', ducite triumphum et ferte _____

praedam!" _____

1. Quis cum Octaviano et Antonio imperavit?   3. Quid Octavianus timuit?
2. Ubi Antonius rexit[6]?   4. Quis vicit?

Herausgeber: Volker Berchtold, Prof. Dr. Markus Schauer
Autorinnen und Autoren: Heiko Deden, Delia Göbeler, Claudia Homann, Kai Oltshausen,
Stephanie Weck, Dirk Weidmann
Redaktion: Werner Schmidt unter Mitarbeit von Michaela Hany und Yvonne Holzmeier
Lösungen: Bianka Frank, Michaela Hany, Stefan Schallge
Illustration: Roland Beier, Berlin
Umschlaggestaltung: ROSENDAHL BERLIN Agentur für Markendesign
Layout und technische Umsetzung: Marina Goldberg

Bildnachweis Cover: Vordergrund: akg-images/Juergen Sorges; Hintergrund: akg-images

www.oldenbourg.de

1. Auflage, 1. Druck 2017

Alle Drucke dieser Auflage sind inhaltlich unverändert
und können im Unterricht nebeneinander verwendet werden.

Druck: Parzeller print & media GmbH & Co. KG, Fulda

ISBN 978-3-637-01917-1

PEFC zertifiziert
Dieses Produkt stammt aus nachhaltig
bewirtschafteten Wäldern und kontrollierten
Quellen.

PEFC/04-31-1308   www.pefc.de

Lösungen

Das kann ich schon!

| Vokabeltest Lektion 1–20 | Grammatiktest Lektion 1–20 | Übungstext |

1.

intelligent	intelligere	erkennen, verstehen, einsehen
kreativ	creare	schaffen, erschaffen; wählen
Lektion	legere	lesen; sammeln; auswählen
Mission	mittere	schicken, senden
parieren	parere	gehorchen, folgen
Traktor	trahere	ziehen, zerren, schleppen
salutieren	salutare	grüßen, begrüßen
	venire	kommen
Caesar:„Veni, vidi, vici!"	videre	sehen
	vincere	siegen, besiegen

Vokabeltest Lektion 1–20 · Grammatiktest Lektion 1–20 · Übungstext

3.

	puella	ludus	templum	pater	corpus
Nom. Sg.	puella	ludus	templum	pater	corpus
Gen. Sg.	puellae	ludi	templi	patris	corporis
Dat. Sg.	puellae	ludo	templo	patri	corpori
Akk. Sg.	puellam	ludum	templum	patrem	corpus
Abl. Sg.	puella	ludo	templo	patre	corpore
Nom. Pl.	puellae	ludi	templa	patres	corpora
Gen. Pl.	puellarum	ludorum	templorum	patrum	corporum
Dat. Pl.	puellis	ludis	templis	patribus	corporibus
Akk. Pl.	puellas	ludos	templa	patres	corpora
Abl. Pl.	puellis	ludis	templis	patribus	corporibus

4.

	Präsens	Imperfekt	Futur I	Perfekt	Plusquamperfekt
Inf.	pugnare	ridere	invenire	mittere	facere
1. Sg.	pugno	ridebam	inveniam	misi	feceram
2. Sg.	pugnas	ridebas	invenies	misisti	feceras
3. Sg.	pugnat	ridebat	inveniet	misit	fecerat
1. Pl.	pugnamus	ridebamus	inveniemus	misimus	feceramus
2. Pl.	pugnatis	ridebatis	invenietis	misistis	feceratis
3. Pl.	pugnant	ridebant	invenient	miserunt	fecerant

5.

Tum	Tullius	Marco	equum	magnum	dat.
Adverbiale (Zeit)	Subjekt	Objekt (Dativ)	Objekt (Akkusativ)	Attribut (Adjektiv)	Prädikat

Dann gibt Tullius Markus ein großes Pferd.

| Vokabeltest Lektion 1–20 | Grammatiktest Lektion 1–20 | Übungstext |

1.

L1	nam – denn, nämlich	iam – schon, bereits	tum – dann, darauf, da; damals
L2	statim – sofort, auf der Stelle	subito – plötzlich	nunc – nun, jetzt
L3	ita – so	diu – lange (Zeit)	saepe – oft
L4	tandem – endlich, schließlich	via – der Weg, die Straße	etiam – auch; sogar
L5	filia – die Tochter	pater – der Vater	et ... et – sowohl ... als auch
L6	cibus – die Speise; die Nahrung	hostis – der (Landes-)Feind, die Feindin	enim – denn, nämlich
L7	dea – die Göttin	cum – (zusammen) mit	inter – zwischen; während
L8	multi – viele	consilium – der Rat, der Ratschlag; der Plan; der Beschluss	vir – der Mann
L9	qui – der, die, das; welcher, welche, welches	vox – die Stimme; das Wort	laetus – froh, fröhlich
L10	nihil – nichts	nox – die Nacht	fortis – tapfer; stark; tatkräftig
L11	itaque – daher, deshalb	nonnulli – einige, manche	civitas – der Staat; die Bürgerschaft; das Bürgerrecht
L12	patria – das Vaterland, die Heimat	tamen – dennoch, jedoch	mortuus – tot
L13	autem – aber, jedoch	quoque – auch	labor – die Arbeit, die Mühe
L14	antea – vorher, früher	tantus – so groß, so viel	miles – der Soldat
L15	bellum – der Krieg	medius – der mittlere; mitten in ...	modus – die Art, die Weise; das Maß
L16	novus – neu, neuartig	ars – die Kunst; die Fertigkeit	noster – unser
L17	pauci – wenige	at – aber, jedoch	mulier – die (erwachsene) Frau
L18	quamquam – obwohl	si – wenn, falls	gloria – der Ruhm, die Ehre
L19	cuncti – alle	multitudo – die Vielzahl, die Menge	num? – etwa?
L20	postquam – nachdem	vel – oder	copia – die Menge, der Vorrat; Pl. auch: die Truppen

2.

Aktion	agere	tun; handeln, verhandeln; treiben
akzeptieren	accipere	annehmen, empfangen, erhalten; vernehmen
Kredit	credere	glauben; vertrauen, anvertrauen
(to) desire	desiderare	sich sehnen nach, vermissen; (m.Inf.) ersehnen (zu tun)
(to) finish	finire	beenden; begrenzen

6. Quintus magna voce nonnullos servos in villa sua vocat.
Quintus ruft mit lauter Stimme einige Sklaven in seinem Landhaus.
Multi Romani hostes fortes a patria sua repellere potuerunt.
Viele Römer konnten die tapferen Feinde aus ihrer Heimat vertreiben.

7. 1. Is vir hostibus adest.   Dieser Mann hilft den Feinden.
is als Demonstrativpronomen (KNG-Kongruenz zum Bezugswort vir)
2. Amici eius fortes sunt.   Seine Freunde sind tapfer.
eius als Possessivpronomen (keine KNG-Kongruenz zu amici, im Genitiv, nicht-reflexive Verwendung)
3. Itaque Romani eis restare debent.   Deshalb müssen die Römer ihnen Widerstand leisten.
eis als Personalpronomen (keine KNG-Kongruenz, kein Genitiv, nicht-reflexive Verwendung)

8. a. Tullius/liberos domum venisse/non ignorat.
b. Akkusativ: liberos Infinitiv: venisse
c. Zeitverhältnis: Vorzeitigkeit
d. Tullius weiß genau, dass die Kinder nach Hause gekommen sind.
a. Romani/Gallos adesse/putabant.
b. Akkusativ: Gallos Infinitiv: adesse
c. Zeitverhältnis: Gleichzeitigkeit
d. Die Römer glaubten, dass die Gallier da waren/wären.

9. Romani, [quamquam multas copias in Germaniam miserant], tamen Germanos vincere non poterant. Tandem Arminius Varum, [qui imperator prudens non erat], in pugna magna vicit.

| Vokabeltest Lektion 1–20 | Grammatiktest Lektion 1–20 | **Übungstext** |

Einst erschreckte ein Löwe die Griechen immer wieder, weil er viele Äcker verwüstet und einige Menschen getötet hatte. Deshalb waren alle Griechen voller Furcht. König Eurystheus glaubte, dass Herkules, ein Mann von großer Tapferkeit/ein sehr tapferer Mann, sie von der Furcht befreien könnte. Herkules näherte sich dem wilden Tier, nachdem er die Spuren des Löwen gefunden hatte, und wollte es mit seinen Waffen töten. Weil dieser Löwe alle Waffen abwehren konnte, tötete Herkules das wilde Tier schließlich mit seinen Händen. Sofort waren König Eurystheus und alle Griechen zufrieden.

Lektion 21

| Eingangstest | Übungen | Abschlusstest |

W 1. A6, B5, C10, D1, E11, F2, G9, H7, I3, J4, K8, L12

G1 2.

Adjektive		recens, miser, vehemens
Adverbien (aus Adj. gebildet)	a-/o-Dekl.	aspere, pulchre, iuste
	kons. Dekl.	familiariter, crudeliter, acriter
	unregelm. Bildung	facile, bene, vero
Adverbien (nicht aus Adj. gebildet)		tum, nimis

G2 3. Olim Iuppiter Saturnum patrem vincere studebat. Itaque Cyclopes **fortes**, quibus corpora **ingentia** erant, liberavit et eos sibi servire iussit. Tum Cyclopes laeti arma **acria** fecerunt, quibus dei Titanos vicerunt. Postquam Iuppiter Saturnum patrem vicit, Saturnus in Tartaro tempus egit, Iuppiter autem laetus Saturnum spectavit.

Einst wollte Jupiter seinen Vater Saturn besiegen. Deshalb befreite er die starken Zyklopen, die riesige Körper hatten, und befahl ihnen, ihm zu dienen. Darauf fertigten die Zyklopen gerne scharfe Waffen an, mit denen die Götter die Titanen besiegten. Nachdem Jupiter seinen Vater Saturn besiegt hatte, verbrachte Saturn seine Zeit im Tartarus, Jupiter aber betrachtete Saturn voller Freude.

G3 4. a. Iuppiter potentiam sibi petivit.   Jupiter wollte (die) Macht für sich haben.
b. Iuppiter saluti suae pugnavit.   Jupiter kämpfte für sein (eigenes) Wohl.
c. Iuppiter regno perpetuo providet.   Jupiter sorgt für eine ununterbrochene Herrschaft.
d. Ludus liberis placet.   Das Spiel gefällt den Kindern.
e. Servo multi labores sunt.   Der Sklave hat viele Arbeiten/muss viel arbeiten.
Dativ des Vorteils: a (sibi), b (saluti suae), c (regno perpetuo)

G4 5. a. Salus hominum deis curae non est.
Das Wohl der Menschen bereitet den Göttern keine Sorge. /
Die Götter kümmern sich nicht um das Wohl der Menschen.
b. Iuppiter fratribus auxilio venit.
Jupiter kommt/kam seinen Brüdern zu Hilfe.
c. Potentia sua Iovi placet.
Seine (eigene) Macht gefällt Jupiter.
d. Multi mortales suam calamitatem deis crimini dant.
Viele Menschen machen den Göttern ihr Unglück zum Vorwurf.
Dativ des Zwecks: a. (curae ... est), b. (auxilio venit), c. (crimini dant)

| Eingangstest | Übungen | Abschlusstest |

W 1.

A	D	H	Q	N	X	K	I	Q	T	Y	D
R	E	P	R	E	H	E	N	D	E	R	E
C	N	D	Q	C	E	T	Q	C	G	D	S
E	L	J	G	E	P	U	U	U	I	Y	C
S	U	B	B	T	S	I	N	E	R	E	
S	E	R	K	S	S	Q	T	B	L	D	N
E	D	U	V	A	W	O	U	K	H	X	D
R	O	L	V	R	B	P	N	C	I	G	E
E	P	T	R	I	B	U	E	R	E	X	R
K	E	I	J	U	S	S	F	E	M	X	E
I	X	M	Q	S	V	E	Q	M	S	B	N
U	L	U	O	S	Q	S	Y	J	G	Q	Y
H	A	S	Y	T	U	T	U	S	T	T	V

lateinische Gitternetzwörter	deutsche Bedeutung
tribuere	zuteilen
sinere	lassen, zulassen, erlauben
ultimus	der letzte, der entfernteste
reprehendere	tadeln, kritisieren
descendere	herabsteigen, hinabsteigen
sub	unter
hiems	der Winter; das Unwetter
inquit	sag(t)e er/sie/es
opus est	es ist nötig (für jdn.); jd. braucht, benötigt (etwas)
arcessere	herbeirufen, holen, holen lassen
necessarius	nötig, notwendig
tutus	sicher (vor), geschützt (vor/gegen)

W 2.

a. tutus   g. sinere
b. inquit   h. necessarius
c. reprehendere   i. tribuere
d. ultimus   j. arcessere
e. hiems   k. descendere
f. opus est   l. sub

G1 3.

Adjektiv	Adverb	Adjektiv	Adverb
felix	feliciter	honestus	honeste
vehemens	vehementer	placidus	placide
bonus	bene	malus	male
asper	aspere	sapiens	sapienter
familiaris	familiariter		

G1 4. bene – tum – sapienter – honeste – nimis – fortiter – beate – vero – triste – quoque

G2 5. a. Cyclopes laeti deis crudelia arma donaverunt.
Die Kyklopen haben den Göttern froh/gerne grausame Waffen geschenkt. (a/p)

Cyclopes fortes Saturno diligenter serviverunt.
Die tapferen Kyklopen haben Saturn gewissenhaft gedient. (a/p)

Animalia contenta in terris vitam agebant.
Die Lebewesen lebten zufrieden in den Ländern. (a/p)

Serva una laborat.
Die eine Sklavin arbeitet. (a/p)

b. Der letzte Satz wurde unpassend wiedergegeben.
Verbesserte Übersetzung: Eine Sklavin arbeitet als einzige.

G2 6. Iuppiter animalia misera in terris habitare spectavit.
a. *attributiv:* Jupiter sah, dass arme Lebewesen auf der Erde lebten.
b. *prädikativ:* Jupiter sah, dass die Lebewesen auf der Erde in Armut lebten.

Epimetheus laetus Prometheo fratri respondet.
a. *attributiv:* Der fröhliche Epimetheus antwortet seinem Bruder Prometheus.
b. *prädikativ:* Epimetheus antwortet seinem Bruder Prometheus fröhlich/voller Freude.

Iuppiter summus deus potentiam Saturni non ignorat.
a. *attributiv:* Der höchste Gott Jupiter kennt Saturns Macht genau.
b. *prädikativ:* Jupiter kennt als höchster Gott Saturns Macht genau.

G3 7. boni – Iovi – liberi – auxilio – terrae – magis – hominibus – oculis – hiemi

G3 8.

a. Cur deis sacrificas?
Warum opferst du den Göttern?
b. Nonnulli dei cunctis civibus provident.
Manche Götter sorgen für alle Bürger.
c. Potentia sua Iovi curae est. *(curae est* Dativ des Zwecks)
Seine (eigene) Macht ist Jupiter wichtig/bereitet Jupiter Sorge.
d. Prometheus: „Nuper hominibus ignem Vulcani rapui."
Prometheus: „Neulich habe ich das Feuer des Vulkanus für die Menschen geraubt."

G4 9.

Dativ-Form	Lernform (mit Genitiv und Genus)
oppido	oppidum, -i n
paci	pax, pacis f
patrono	patronus, -i m
animali	animal, animalis n
humo	humus, -i f
igni	ignis, ignis m

G4 10. a. Salus hominum Prometheo cordi est. *(cordi est* – Dativ des Zwecks)
Das Wohl der Menschen liegt Prometheus am Herzen.
b. Cyclopes Iovi auxilio veniunt. *(auxilio veniunt* – Dativ des Zwecks)
Die Zyklopen kommen Jupiter zu Hilfe.
c. Prometheus: „Ego mortalibus ignem sapienter tribuo."
Prometheus: „Ich teile den Menschen weise das Feuer zu."

Wiederholung: Prädikatsnomen

Prometheus tristis fuit.	Prometheus war traurig.
Labor difficilis fuit.	Die Arbeit war schwer.
Senatores honesti fuerunt.	Die Senatoren waren ehrenhaft/angesehen.
Animal miserum fuit.	Das Lebewesen/Tier war arm/unglücklich.
Homines laeti fuerunt.	Die Menschen waren froh/fröhlich.
Iuppiter iratus fuit.	Jupiter war zornig.

Eingangstest Übungen **Abschlusstest**

a. Initio vita hominum misera erat, quia Iuppiter **mortalibus** ignem negaverat. Itaque Prometheus ignem e caelo rapuit et clam **animalibus** dono dedit. Id autem iram Iovis incendit: Iratus Vulcanum Prometheum in Caucasum montem trahere et aquilam partem iecoris Promethei crudeliter comedere iussit. Quantum aquila comederat, tantum iecoris nocte crescebat. Denique Hercules unus **Prometheo auxilio** venit, aquilam interfecit, cum Prometheo Caucasum montem reliquit.

b. Am Anfang war das Leben der Menschen erbärmlich, weil Jupiter den Sterblichen das Feuer verweigert hatte. Deshalb raubte Prometheus das Feuer vom Himmel und schenkte es heimlich den Lebewesen. Das aber entfachte Jupiters Zorn: Zornig befahl er, dass Vulkanus Prometheus ins Kaukasusgebirge verschleppen und ein Adler einen Teil der Leber von Prometheus erbarmungslos auffressen solle. Soviel von der Leber, wie der Adler aufgefressen hatte, wuchs in der Nacht nach. Schließlich kam Herkules als einziger Prometheus zu Hilfe, tötete den Adler und verließ zusammen mit Prometheus das Kaukasusgebirge.

c. Der Gott Jupiter bestrafte Prometheus grausam, weil Prometheus gegen Jupiters Willen gehandelt und so die Macht des höchsten Gottes in Frage gestellt hatte. Möglicherweise fürchtete Jupiter auch, dass die Menschen, weil sie das Feuer beherrschten, übermütig werden und ihn weniger verehren könnten.

Lektion 22

Eingangstest Übungen **Abschlusstest**

W 1. A6, B10, C2, D13, E11, F1, G12, H3, I7, J4, K5

G1 2. ~~celebrari~~ – colligo – vertor – amor – instruis – rogatur – pulchris – ponitur – corripiuntur – commoventur – timeri – itineris – Veneris – mittimini

Passivform	Bausteine	Übersetzung
vertor	vert – or	ich werde gedreht
amor	am – or	ich werde geliebt
rogatur	roga – tur	er/sie/es wird gefragt
ponitur	pon – i – tur	er/sie/es wird gelegt
corripiuntur	corripi – u – ntur	sie werden gepackt
commoventur	commove – ntur	sie werden bewegt
timeri	time – ri	gefürchtet werden
mittimini	mitt – i – mini	ihr werdet geschickt

G2 3.
a.

Tempus	Form	Übersetzung
Imperfekt	portabantur	sie wurden gebracht
	colligebantur	sie wurden gesammelt
	eramus	wir waren
Präsens	mitti	geschickt werden
	laudantur	sie werden gelobt
Futur I	erit	er/sie/es wird sein
	audiam	ich werde hören
	moneberis	du wirst ermahnt werden
	deponentur	sie werden abgelegt werden

b. Romani homines mortuos apud inferos habitare putabant. Omnes animae mortalium a Mercurio **colligebantur** et a Charone ad inferos **portabantur**. Tartarus a Cerbero custodiebatur. Nonnulli mortalium etiam dure puniebantur. Itaque homines ad inferos **mitti** nolebant.

Die Römer glaubten, dass die Toten in der Unterwelt wohnen. Alle Seelen der Sterblichen wurden von Merkur gesammelt und von Charon in die Unterwelt gebracht. Der Tartarus wurde von Zerberus bewacht. Manche Menschen wurden auch hart bestraft. Deshalb wollten die Menschen nicht in die Unterwelt geschickt werden.

Eingangstest Übungen Abschlusstest

W 1.

lateinische Wörter	deutsche Bedeutung
aura	der Windhauch, der Lufthauch, die Luft
hinc	von hier; hierauf; daher
dulcis	süß, lieblich
amor	die Liebe
vivus	lebend, lebendig; zu Lebzeiten
apud	bei
reddere	zurückgeben
supplex	demütig, flehentlich
flectere	biegen, beugen; umstimmen
huc	hierher
admittere	zulassen

W **2.**

Buchstabensalat	rekonstruiertes Wort	deutsche Bedeutung
temitadre	admittere	zulassen
roma	amor	die Liebe
suvvi	vivus	lebend, lebendig; zu Lebzeiten
puda	apud	bei
reflecte	flectere	biegen, beugen; umstimmen
xlsuppe	supplex	demütig, flehentlich
derered	reddere	zurückgeben
silcud	dulcis	süß, lieblich
nich	hinc	von hier; hierauf; daher
arau	aura	der Windhauch, der Lufthauch, die Luft

G1 **3. a.** Orpheus findet Eurydike in der Unterwelt.
Eurydike wird von Orpheus in der Unterwelt gefunden.
b. Der Gesang des Orpheus stimmte Pluto und Proserpina gnädig.
Pluto und Proserpina wurden durch den Gesang des Orpheus gnädig gestimmt.
c. Kein Sterblicher betritt die Unterwelt gerne.
Die Unterwelt wird von keinem Sterblichen gerne betreten.
d. Prometheus erinnert Epimetheus an die Auswirkungen seines Tuns.
Epimetheus wird von Prometheus an die Auswirkungen seines Tuns erinnert.

G1 **4.** nolo – **complebitur** – amabit – **commoventur** – erat – **donatur** – erunt – **caperis** – est – habitavisti – admitto – **audieris** – corripimus – **vertor** – **intellegebamini**

Passivform	Stamm	Tempuszeichen	Personalendung	Übersetzung
complebitur	comple	bi	tur	er/sie/es wird erfüllt werden
commoventur	commove		ntur	sie werden bewegt
amatur	ama		tur	er/sie/es wird geliebt
caperis	cape		ris	du wirst gefangen
audieris	audi	e	ris	du wirst gehört werden
vertor	vert		or	ich werde gedreht
intellegebamini	intellege	ba	mini	ihr wurdet verstanden

G2 **5.**

Präsens Passiv	Imperfekt Passiv	Futur I Passiv
moneor	audiebar	capietur
iubemini	deponebamini	amabimur
laudaris	amabantur	audiar
vocari	capiebaris	audieris
agi		vocabimini

G2 **6.**

Aktivformen	zugehörige Passivformen	Übersetzung
gerunt	geruntur	sie werden getragen
celebrabitis	celebrabimini	ihr werdet gefeiert werden
trahebas	trahebaris	du wurdest gezogen
mittimus	mittimur	wir werden geschickt
laudare	laudari	gelobt werden

Eingangstest | **Übungen** | **Abschlusstest**

a. *Vincitne omnia amor?*

Eurydice, uxor Orphei, serpentem in herba tetigit et de vita decessit. Itaque Orpheus in Tartarum descendit et Plutonem Proserpinamque petivit. „Vosne **movebimini**", inquit, „carminibus meis, quibus **commoventur** etiam animalia fera? Vos supplex oro: Si vobis est animus, qui commoveri et **flecti** potest, reddite mihi Eurydicen meam!" Quia Eurydice ab Orpheo valde **amabatur**, ei Tartarum relinquere licuit – non licuit autem Orpheo in itinere oculos ad eam flectere. Sed antequam Orpheus et Eurydice lucem solis viderunt, Orpheus oculos iam flexit et statim vidit uxorem **rapi.**

b. *Besiegt die Liebe alles?*

Eurydike, die Ehefrau des Orpheus, berührte eine Schlange im Gras und starb. Deshalb stieg Orpheus in den Tartarus hinab und suchte Pluto und Proserpina auf. Er sagte: „Werdet ihr von meinen Liedern bewegt/gerührt werden, von denen sogar die wilden Tiere beeinflusst werden? Ich bitte euch flehentlich: Wenn ihr ein Herz habt, das bewegt und umgestimmt werden kann, dann gebt mir meine Eurydike zurück!" Weil Eurydike von Orpheus sehr geliebt wurde, durfte sie den Tartarus verlassen – Orpheus aber durfte sich unterwegs nicht nach ihr umsehen/durfte ... nicht zu ihr zurückschauen. Aber bevor Orpheus und Eurydike das Licht der Sonne erblicken konnten, sah sich Orpheus schon um/schaute Orpheus schon zurück und sah, dass seine Ehefrau geraubt wurde/verschwand.

Lektion 23

Eingangstest | **Übungen** | **Abschlusstest**

W **1.** A8, B5, C1, D10, E2, F13, G6, H15, I3, J11, K4, L14, M9

G1 **2. a.** unus – duo – tres – quattuor – quinque – sex – septem – octo – novem – decem
b. primus – secundus – tertius – quartus – quintus – sextus – septimus – octavus – nonus – decimus

G2 **3.**

	Genitiv der Beschaffenheit	Ablativ der Beschaffenheit
vir	summarum virtutum	ingenti corpore
	feri cordis	summo studio
	summae potentiae	pulchra forma

summum honorem (Akk. Sg. m) und *magna detrimenta* (Nom./Akk. Pl. n) lassen sich nicht unter Gen./Abl. der Beschaffenheit einordnen.

Lösungen

G3 **4.**

Substantive	hic-Formen	ille-Formen
superbia	haec/hac	illa
regna	haec	illa
servae	huius/huic/hae	illius/illi/illae
umero	huic/hoc	illi/illo
itineris	huius	illius
fratrum	horum	illorum
canibus	his	illis

G1 **3.** primo – secondo – terzo – quarto – quinto – sesto – settimo – ottavo – nono – decimo

G1 **4.** A3, B1, C5, D2, E4, F6

G2 **5.**

Genitiv-Formen	Ablativ-Formen
teli	studio
finis	serva
socii	patribus
arborum	amore

G2 **6.** **a.** Hercules, qui vir **egregia virtute** erat, taurum Creticum vicit.
Herkules, der ein Mann von hervorragender Tapferkeit/ein sehr tapferer Mann war, besiegte den kretischen Stier.

b. Cerbero, cani **fera natura**, tria capita erant.
Zerberus, ein Hund von wilder Natur/mit wildem Charakter, hatte drei Köpfe.

c. Cyclopes, animalia **ingentibus corporibus**, deis multa arma donaverunt.
Die Zyklopen, Lebewesen mit riesigen Körpern, schenkten den Göttern viele Waffen.

d. Prometheus, iuvenis **magnae audaciae**, ignem rapuit et hominibus donavit.
Prometheus, ein junger Mann von großer Kühnheit/ein sehr mutiger junger Mann, hat das Feuer geraubt und den Menschen geschenkt.

G3 **7.** illo – has – horum – haec – illa – hae (2) – illud – illi (2) – huius (2) – hoc

Substantive	zugehörige Pronomina	Formenbestimmung
aurae (3)	huius/hae/illi	Gen. Sg./Nom. Pl./Dat. Sg.
templa (2)	haec/illa	Nom. Pl./Akk. Pl.
leonis	huius	Gen. Sg.
servo (3)	hoc/illi/illo	Abl. Sg./Dat. Sg.
luces (2)	hae/has	Nom. Pl./Akk. Pl.
iter (2)	hoc/illud	Nom. Sg./Akk. Sg.
animalium	horum	Gen. Pl.

G3 **8.** **a.** Iuppiter omnium deorum summus erat. (Ille/Illi/Illo) Prometheum damnare voluit.
Jupiter war der höchste aller Götter. Jener wollte Prometheus verurteilen.

b. Hercules leonem non timuit. (**Hic**/Huius/Huic) ingenti magnitudine erat.
Herkules fürchtete den Löwen nicht. Dieser war von gewaltiger Größe/sehr groß.

c. Hercules secum cogitavit: „(Hic/Haec/**Hoc**) monstrum ingens est, sed ego fortis sum neque monstrum fugiam."
Herkules dachte bei sich: „Dieses Monster ist riesig, aber ich bin tapfer/stark und werde nicht vor dem Monster fliehen."

d. Hercules duodecim labores suscepit et (haec/**hos**/has) omnes sustinuit: (**Ille**/Illa/Illud) tantis viribus corporis erat.
Herkules nahm zwölf Arbeiten auf sich und ertrug diese/sie alle: Jener hatte/besaß so große Körperkraft/war körperlich so stark.

Eingangstest **Übungen** **Abschlusstest**

W **1.**

Substantive	Genitiv Singular und Genus	Deklination
telum	teli n	o-Dekl.
umerus	umeri m	o-Dekl.
regnum	regni n	o-Dekl.
superbia	superbiae f	a-Dekl.
socius	socii m	o-Dekl.
caput	capitis n	kons. Dekl.

W **2.**

lateinische Wörter	deutsche Bedeutung
mil**le**	tausend
pertur**bare**	durcheinanderbringen, verwirren, stören
im**mo**	im Gegenteil; ja sogar
te**lum**	das Geschoss; das Wurfgeschoss, der Pfeil
temp**tare**	(m. Inf.) versuchen (zu tun); (m. Akk.) angreifen; betasten
so**cius**	der Gefährte, der Kamerad; der Bundesgenosse
reg**num**	die Herrschaft, die Königsherrschaft; das Reich
p**ar**	gleich, ebenbürtig
um**erus**	die Schulter
su**perbia**	der Hochmut, der Stolz; die Überheblichkeit
sen**tire**	fühlen, spüren; meinen
me**morare**	in Erinnerung rufen, erwähnen, erzählen
fran**gere**	brechen, (etw.) zerbrechen

Eingangstest — Übungen — Abschlusstest

W 1.

a-Konj.	e-Konj.	kons. Konj.	kons. Konj. mit i-Erweiterung
convocare	flere	concedere	parere, pario
	perterrere	resistere	

W 2.

denide	**deinde**	hierauf, dann
adeis	**aedis**	der Tempel; Pl. das Haus
autinqus	**antiquus**	alt
fniis	**finis**	das Ende; die Grenze; das Ziel; Pl. das Gebiet
axr	**arx**	die Burg, die Stadtburg
cotrna	**contra**	dagegen
lidibo	**libido**	die Begierde; die Hemmungslosigkeit

G1 3.

militum — superatum
hostem — raptam
mulierem — convocatorum

G1 4.

clamor militum supera(tum/torum/tus) — der Lärm der besiegten Soldaten
dolus ab Ulixe adhibi(tus/to/ta) — die von Odysseus angewendete/angewandte
List
milites in urbem mis(sam/sum/si) — die in die Stadt geschickten Soldaten
mulieres in servitutem abduc(tam/tae/tum) — die in die Sklaverei verschleppten Frauen

G2 5.

Aktiv	Passiv
amavimus (Perfekt)	amatus est (Perfekt)
amavit (Perfekt)	amatum esse (Infinitiv Perfekt)
amaveram (Plusquamperfekt)	amati erunt (Futur II)
amavisse (Infinitiv Perfekt)	amatae sumus (Perfekt)
amaverint (Futur II)	amata eram (Plusquamperfekt)

G2 6.

Constat Troianos superavisse.	×	Constat Troianos superatos esse.	–
Constat Helenam rapuisse.	×	Constat Helenam raptam esse.	–
Constat Venerem superavisse.	–	Constat Venerem superatam esse.	×
Constat Paridem corrupisse.	×	Constat Paridem corruptum esse.	–

G3 7. a. Causa belli fuit Helena e patria **abducta**.
Der Auslöser des Krieges war Helena, die aus ihrer Heimat **entführt worden war**.
b. Graeci saepe a Troianis **pulsi** denique urbem ceperunt.
Nachdem die Griechen oft von den Trojanern **vertrieben/in die Flucht geschlagen worden waren**, nahmen sie die Stadt schließlich ein.

Eingangstest — Übungen — Abschlusstest

a. und b. Augiae regi erant multi boves pulchra forma, quorum stabula numquam purgata erant. Itaque Eurystheus Herculem, virum incredibili vi, (illis/illam/**illa**) stabula purgare iussit. Augias: „Purga", inquit, „(hae/**haec**/hac) stabula uno die, tibi multos boves praemio dabo." Tum Hercules aquam fluminis per stabula duxit et hoc modo (illius/**illam**) purgavit. Hercules postquam hunc laborem confecit, ad Augiam properavit et (illius/**illos**/ille) boves ab eo postulavit. Rex autem, vir magnae superbiae, boves Herculi non dedit; nam aquam fluminis – non Herculem! – stabula purgavisse dixit.

c. Der König Augias hatte viele Rinder von schöner Gestalt, deren Ställe niemals gereinigt worden waren. Daher befahl Eurystheus, dass Herkules, ein Mann von ~~großer~~ unglaublicher Kraft, jene Ställe reinige. Augias sagte: „Reinige diese Ställe an einem Tag, ich werde dir dafür viele Rinder als Belohnung geben." Daraufhin leitete Herkules das Wasser eines Flusses durch die Ställe und reinigte sie auf diese Weise. Nachdem Herkules diese Aufgabe beendet hatte, ging er schnell zu Augias und forderte von ihm jene Rinder. Aber der König, ~~ein sehr kluger Mann~~ ein sehr hochmütiger Mann, gab Herkules die Rinder nicht; er sagte nämlich, dass das Wasser des Flusses – und nicht Herkules! – die Ställe gereinigt hätte.

Lektion 24

Eingangstest — Übungen — Abschlusstest

W 1. A4, B12, C1, D7, E2, F10, G3, H14, I5, J8, K9, L13, M11

G1 2.

	Infinitiv und Stammformen	deutsche Bedeutung(en)
abductum	abducere, abduco, abduxi, abductum	wegführen, entführen, verschleppen
coactum	cogere, cogo, coegi, coactum	versammeln; zwingen
fletum	flere, fleo, flevi, fletum	weinen (über); beweinen; beklagen
contentum	contendere, contendo, contendi, contentum	sich anstrengen; kämpfen; eilen; behaupten
partum	parere, pario, peperi, partum	zur Welt bringen, erzeugen; erwerben

G2 3.

Perfekt	Plusquamperfekt	Futur II
vocata sum	coactus eras	datum erit
pressae estis	corrupti erant	mota erunt

G3 4. Paris [praemium a Venere propositum] accepit.
– Partizip Perfekt Passiv/wörtlich: Paris nahm die von Venus in Aussicht gestellte Belohnung an.
– Relativsatz: Paris nahm die Belohnung an, die ihm von Venus in Aussicht gestellt worden war.
– Adverbialsatz: Nachdem/Weil die Belohnung ihm von Venus in Aussicht gestellt worden war, nahm Paris sie an.
– Beiordnung: Die Belohnung war ihm von Venus in Aussicht gestellt worden und Paris nahm sie an.

Geschafft!

Nach dieser Lektion kann ich die Endungen im Passiv richtig benennen und den Tempora zuordnen!

Alle Zeiten, die mit **Präsensstamm** gebildet werden (Präsens, **Imperfekt** und **Futur I**), haben im **Passiv** folgende **Endungen:**

1. Sg. -(o)r; **2. Sg.** -ris; **3. Sg.** -tur; **1. Pl.** -mur; **2. Pl.** -mini; **3. Pl.** -ntur; **Inf.** -(r)i.
Alle Zeiten, die mit dem **PPP** gebildet werden (Perfekt, **Plusquamperfekt** und **Futur II**), setzen sich aus dem **PPP** und einer Form von **esse** zusammen.

Ergänze die Tempora und Passivformen von amare und mittere!

Formen, die mit dem Präsensstamm gebildet werden

	amare		mittere	
Präsens	amor	Ich werde geliebt.	mittor	Ich werde geschickt.
Imperfekt	**amabar**	Ich wurde geliebt.	**mittebar**	Ich wurde geschickt.
Futur I	**amabor**	Ich werde geliebt werden.	**mittar**	Ich werde geschickt werden.
Inf. Präs.	amari	geliebt werden	mitti	geschickt werden

Formen, die mit dem PPP gebildet werden

Perfekt	amatus, -a sum	Ich bin geliebt worden.	missus, -a sum	Ich bin geschickt worden.
Plqupf.	**amatus,** -a eram	Ich war geliebt worden.	**missus,** -a eram	Ich war geschickt worden.
Futur II	**amatus,** -a ero	Ich werde geliebt worden sein.	**missus,** -a ero	Ich werde geschickt worden sein.
Inf. Perf.	**amatum,** -am esse	geliebt worden sein	**missum,** -am esse	geschickt worden sein

Lektion 25

Eingangstest	Übungen	Abschlusstest

W 1. A7, B4, C12, D1, E14, F10, G2, H13, I8, J5, K3, L11, M9

G1 2.

	KNG	Infinitiv	Bedeutung
ridentem	Akk. Sg. m/f	ridere	lachen; auslachen
sciente	Abl. Sg. m/f/n	scire	wissen, kennen
cessantibus	Dat./Abl. Pl. m/f/n	cessare	zögern (zu tun), sich Zeit lassen (zu tun)
parientes	Nom./Akk. Pl. m/f	parere	zur Welt bringen, erzeugen; erwerben
trahenti	Dat. Sg. m/f	trahere	ziehen, zerren, schleppen

---

c. Troiani donum a Graecis **relictum** in oppidum traxerunt.
*Die Trojaner zogen das Geschenk, das ihnen von den Griechen **zurückgelassen/überlassen worden war**, in die Stadt.*

G3 8. 1. – Paris begehrte/sehnte sich nach der von Venus in Aussicht gestellten Belohnung.
Paris begehrte die/sehnte sich nach der Belohnung, die ihm von Venus in Aussicht gestellt worden war.

2.
– Die von Paris geraubte Helena wurde oft wegen ihrer Schönheit gelobt.
– Helena, die von Paris geraubt worden war, wurde oft wegen ihrer Schönheit gelobt.
– Helena war von Paris geraubt worden und wurde oft wegen ihrer Schönheit gelobt.

3.
– Menelaos jedoch griff mit den zusammengerufenen Soldaten Troja zehn Jahre lang an.
– Menelaos jedoch griff mit den Soldaten, die zusammengerufen worden waren/die er zusammengerufen hatte, Troja zehn Jahre lang an.
– Menelaos jedoch griff mit den Soldaten, nachdem sie zusammengerufen worden waren/er sie zusammengerufen hatte, Troja zehn Jahre lang an.

4.
– Schließlich besiegten die Griechen die Trojaner durch eine von dem klugen Odysseus ausgedachte List.
– Schließlich besiegten die Griechen die Trojaner durch eine List, die sich der kluge Odysseus ausgedacht hatte/die von dem klugen Odysseus ausgedacht worden war.
– Schließlich besiegten die Griechen die Trojaner, weil/nachdem der kluge Odysseus sich eine List ausgedacht hatte/eine List von dem klugen Odysseus ausgedacht worden war.

Eingangstest	Übungen	Abschlusstest

a. und **b.** „Tres deae de pulchritudine **contenderunt**. [Paris iudex **vocatus**] non iuste **iudicavit**, quia donis **corruptus erat**: Minerva ei victoriam **proposuerat**, a Iunone imperium sine fine et **propositum erat**, a Venere amor feminae pulcherrimae. Deinde [Venus pulcherrima dea **creata**] Paridi **aderat**, is autem me **abduxit**."

Tempora der Prädikate:
contenderunt: 3. P. Pl. Perfekt Aktiv; *iudicavit*: 3. P. Sg. Perfekt Aktiv; *corruptus erat*: 3. P. Sg. Plusquamperfekt Passiv; *proposuerat*: 3. P. Sg. Plusquamperfekt Aktiv; *propositum erat*: 3. P. Sg. Plusquamperfekt Passiv; *aderat*: 3. P. Sg. Imperfekt Aktiv; *abduxit*: 3. P. Sg. Perfekt Aktiv

c. „Drei Göttinnen kämpften/stritten über die/ihre Schönheit. Paris, der als Richter gerufen worden war, urteilte nicht gerecht, weil er mit Geschenken bestochen worden war: Minerva hatte ihm den Sieg versprochen, von Juno war ihm eine Herrschaft ohne Ende versprochen worden und von Venus die Liebe der schönsten Frau. Dann half Venus, weil sie zur schönsten Göttin gewählt worden war, Paris, er aber entführte mich."

G₂ 3. [Troiani valde gaudentes] equum in urbem traxerunt.

– wörtlich:
Die sich sehr freuenden Trojaner zogen das Pferd in die Stadt.

– Relativsatz:
Die Trojaner, die sich sehr freuten, zogen das Pferd in die Stadt.

– Adverbialsatz:
Während die Trojaner sich sehr freuten, zogen sie das Pferd in die Stadt.

– Beiordnung:
Die Trojaner freuten sich sehr und zogen das Pferd in die Stadt.

G₃ 4. (1) Weil die Trojaner das Pferd in die Stadt zogen, wurden sie von den Griechen getäuscht.
(2) Obwohl die Trojaner das Pferd in die Stadt zogen, sahen sie dennoch nicht in das Pferd hinein.
(3) Als die Trojaner das Pferd in die Stadt zogen, strengten sie sich sehr an.
(4) Indem die Trojaner das Pferd in die Stadt zogen, brachten sie Troja in Gefahr.

Eingangstest		Übungen		Abschlusstest

W 1.

Substantiv	Adjektiv	Adverb	Verb
ius iurandum	pristinus	proinde	praestare
ferrum	amplus		occurrere

W 2.

M	V	O	L	A	R	E	D	P	U
U	S	T	D	G	O	V	R	A	N
R	E	S	T	I	T	U	E	R	E
P	L	G	A	F	M	L	T	C	H
E	A	B	N	O	C	E	R	E	L
R	T	E	G	E	R	E	I	R	G
O	E	G	E	D	H	N	B	E	S
H	G	C	R	A	D	E	T	S	O
A	P	P	E	C	M	A	R	E	L
N	C	I	S	A	L	E	N	T	E

volare: fliegen, eilen
restituere: wiederherstellen
nocere: schaden
tegere: bedecken, schützen (vor),
verbergen
tangere: berühren; erreichen
parcere: schonen, sparen

Wiederholung

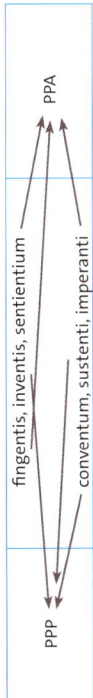

fingentis, inventis, sentientium

conventum, sustenti, imperanti

PPA

PPP

G₁ 3. servum — ridentium
puellarum — tacenti
captivo — properantem

G₁ 4. clamor militum pugna(ns/ntium/ntes) — der Lärm der kämpfenden Soldaten
socii Ulixis dolos invenie(ntem/ntes/ntis) — die Gefährten des Listen erfindenden Odysseus
barbarus vinum nescie(ns/ntem/ntibus) — der den Wein nicht kennende Barbar
Troiani ex urbe fugie(nte/ntes/nti) — die aus der Stadt fliehenden Trojaner

---

G₂ 5. a. Graeci contra Troianos frustra **pugnantes** dolum adhibuerunt.
Die Griechen, die vergeblich gegen die Trojaner **kämpften**, wandten eine List an.

b. Ulixes bellum finire **volens** equum aedificavit.
Odysseus, der den Krieg beenden **wollte**, baute ein Pferd.

c. Milites Graeci Troianos **dormientes** petiverunt.
Die griechischen Soldaten griffen die Trojaner an, während sie **schliefen.**

G₂ 6. 1. Odysseus, der siegen wollte, erfand eine List/dachte sich eine List aus.
Weil Odysseus siegen wollte, erfand er eine List/dachte er sich eine List aus.
Odysseus wollte siegen und erfand (daher) eine List/dachte sich (daher) eine List aus.

2. Die die Stadt Troja zerstörenden Griechen besiegten schließlich die Trojaner.
Die Griechen, die die Stadt Troja zerstörten, besiegten schließlich die Trojaner.
Indem die Griechen die Stadt Troja zerstörten, besiegten sie schließlich die Trojaner.
Die Griechen zerstörten die Stadt Troja und besiegten schließlich die Trojaner.

3. Die weinenden Frauen der Trojaner wurden dennoch von den Griechen verschleppt.
Die Frauen der Trojaner, die weinten, wurden dennoch von den Griechen verschleppt.
Die Frauen der Trojaner wurden, obwohl sie weinten, von den Griechen verschleppt.
Die Frauen der Trojaner weinten und wurden dennoch von den Griechen verschleppt.

G₃ 7. a. Polyphem verschlang einige Gefährten des Odysseus, während/weil/indem/obwohl sie schrien.

b. Der Kyklop trank den Wein und dabei/und daher/und dadurch/und dennoch schlief er ein.

c. Bei ihrer/Wegen ihrer/Durch ihre/Trotz ihrer Flucht wurden die Griechen von Polyphem verfolgt.

G₃ 8. 1. Odysseus erfand, als er siegen wollte, eine List.
Odysseus erfand, weil er siegen wollte, eine List.

2. Als die Griechen die Stadt Troja zerstörten, besiegten sie schließlich die Trojaner.
Weil die Griechen die Stadt Troja zerstörten, besiegten sie schließlich die Trojaner.
Indem die Griechen die Stadt Troja zerstörten, besiegten sie schließlich die Trojaner.

3. Die weinenden Frauen der Trojaner wurden dennoch von den Griechen verschleppt.
Als die Frauen der Trojaner weinten, wurden sie dennoch von den Griechen verschleppt.
Obwohl die Frauen der Trojaner weinten, wurden sie von den Griechen verschleppt.

Eingangstest	Übungen	Abschlusstest

a. Postquam ei **herba tegens** a Mercurio data est, Ulixes ad Circen pervenit. **Circe** cum intellexit **cibum datum** ei non nocere, carmina magica **dicens** virga eum tetigit. At Ulixes gladium prehendit. **Illa** autem veniam **petens** amicitiam cum Ulixe facere proposuit. Tum sues in homines mutati sunt.

b. Nachdem ihm von Merkur das schützende Kraut *(wörtlich)* gegeben worden war, kam Odysseus zu Kirke. Als Kirke erkannte, dass ihm das Essen, das ihm gegeben/aufgetragen worden war *(Relativsatz)*, nicht schadete, berührte sie ihn mit einem Stab, wobei sie Zaubersprüche sprach *(Adverbialsatz/modal)*. Odysseus aber ergriff sein Schwert. Jene bat aber um Gnade und *(Beiordnung)* schlug vor, mit Odysseus Freundschaft zu schließen. Dann wurden die Schweine in Menschen verwandelt.

Aeneas' Blick in die Zukunft

„(Patria relicta) multa pericula sustenta sunt. (Periculis superatis) ad Sibyllam perveni. Sibylla de periculis novis narravit, sed mihi proposuit uxorem novam et regnum novum. Tandem umbra Anchisae patris mihi ostendit animas posterorum meorum. Itaque (magnis periculis instantibus) tamen de **rebus futuris fidem** habebo."

Nach dem Verlassen der Heimat sind viele Gefahren ausgehalten worden. Nachdem die Gefahren überwunden worden waren, bin ich zu Sibylle gelangt. Sibylle hat von neuen Gefahren erzählt, aber sie hat mir eine neue Ehefrau und ein neues Reich in Aussicht gestellt. Schließlich hat mir der Schatten meines Vaters Anchises die Seelen meiner Nachfahren gezeigt. Deshalb werde ich, obwohl noch große Gefahren bevorstehen, dennoch Vertrauen in die Zukunft haben.

Geschafft!

Nach dieser Lektion kann ich die Partizipialkonstruktionen erklären!

Beide **Partizipialkonstruktionen**, das **PC** und der **Abl. abs.** haben ein **Partizip** und ein **Bezugswort**, die in **Kasus**, **Numerus** und **Genus** übereinstimmen.
Das **PC** kann in allen **Kasus** vorkommen, der **Abl. abs.** nur im **Ablativ**.
Beide Partizipialkonstruktionen bilden eine eigene **Handlung**, die zu der **Haupthandlung des Satzes** in unterschiedlicher Weise in Beziehung steht. Daher gibt es jeweils mehrere Übersetzungsmöglichkeiten.

Gib jeweils verschiedene Möglichkeiten für eine sinnvolle Übersetzung an:

PC Verbis Veneris motus Aeneas consilium mutavit.

	Übersetzung als ...	Übersetzung
1	wörtlich	Der durch Venus' Worte beeinflusste Aeneas änderte seinen Plan.
2	Adverbialsatz	Weil Aeneas durch die Worte der Venus beeinflusst worden war, änderte er seinen Plan.
3	Beiordnung	Aeneas war durch die Worte der Venus beeinflusst worden und änderte daraufhin seinen Plan.
4	Präpositional-ausdruck	Wegen der Beeinflussung durch Venus' Worte änderte Aeneas seinen Plan.

Abl. abs. Troiā captā Aeneas patriam reliquit.

	Übersetzung als ...	Übersetzung
1	Adverbialsatz	Nachdem Troja erobert worden war, verließ Aeneas seine Heimat.
2	Beiordnung	Troja war erobert worden und Aeneas verließ deshalb seine Heimat.
3	Präpositional-ausdruck	Nach der Eroberung Trojas verließ Aeneas seine Heimat.

Lösungen

Lektion 26

W 1. A8, B12, C5, D2, E10, F9, G14, H11, I6, J13, K7, L3, M1

G1 2.

a-Dekl.	o-Dekl.	kons. Dekl.	e-Dekl.
portis	numerum	sortis	res
turbam		urbem	dierum
		rex	

G2 3. urbe condita, Aenea narrante, Didone desperante, consilio mutato

W 1. 1. pius (fromm); 2. posterus (der nachfolgende); 3. numerus (die Zahl); 4. augere (vermehren); 5. nepos (Enkel); 6. permittere (erlauben)

W 2.

Silbensalat	richtiges Wort	Bedeutung(en)
ere-sti-in-tu	instituere	einrichten; unterrichten; erbauen
ma-fa	fama	das Gerücht; der (gute oder schlechte) Ruf
fi-ce-per-re	perficere	durchsetzen, vollenden
ni-a-ma	anima	der Atem, die Seele, das Leben
re-ce-pos	poscere	fordern
con-fi-re-ce	conficere	anfertigen, vollenden; aufreiben; beenden

G1 3.

pes	puerum	dei	fidem
spes	dierum	rei	finem

G1 4. res bonas (Plural) → **rem bonam**;
res mala (Singular) → **res malae**; res parvae (Plural) → **res parva**

G2 5. a. Troia urbe ardente (PPA) ... verließ Aeneas seine Heimat.
Als/Weil die Stadt Troja brannte, ...
b. Patria relicta (PPP) ... überstand Aeneas die Stürme auf den Meeren.
Nachdem die Heimat zurückgelassen worden war, ...
c. Periculis marium superatis (PPP) ... kam Aeneas zu Dido.
Nachdem die Gefahren der Meere überwunden worden waren, ...

G2 6. a. Aenea eam amante tamen Dido in Africa relicta est.
Obwohl Aeneas sie liebte, ist Dido dennoch in Afrika zurückgelassen worden.
b. Didone relicta Aeneas ad Italiam pervenit.
Nachdem Dido zurückgelassen worden war, gelangte Aeneas nach Italien.

Lektion 27

| Eingangstest | Übungen | Abschlusstest |

W 1. A4, B9, C12, D1, E15, F2, G13, H3, I5, J7, K6, L11, M8

G1 2. a. nomini – manus – domum – ducibus – impetum – proelium – cupiditatibus – conspectu – legi – signum

b. Multi homines **impetum** hostium timent.
Viele Menschen fürchten den Angriff von Feinden.
Magna **manus** militum armis victa est.
Eine große Schar/Gruppe von Soldaten ist mit Waffen besiegt worden.
Cives **conspectu** militum territi sunt.
Die Bürger sind vom Anblick der Soldaten erschreckt/in Schrecken versetzt worden.
Frater magnam **domum** aedificavit.
Der Bruder hat ein großes Haus gebaut.

G2 3. 1C, 2D, 3A, 4B

| Eingangstest | Übungen | Abschlusstest |

W 1. a. Quis **regnum** obtinebit? Wer wird die Herrschaft innehaben/ausüben?
b. Remus **victoriam** sibi vindicaverat. Remus hatte den Sieg für sich beansprucht.
c. Lex **cives** coniungit. Das Gesetz vereinigt/verbindet die Bürger.
d. Faustulus **liberos** aluit. Faustulus hat die Kinder aufgezogen.
e. Romulus **urbem** munivit. Romulus hat die Stadt befestigt.

W 2. a. locis **diversis** – an verschiedenen Orten; **b.** impetus **graves** – schwere Angriffe; **c.** cupiditas **vehemens** – ein heftiges Verlangen; **d.** conspectu **incredibili** – bei einem/durch einen unglaublichen Anblick

G1 3.

a-/o-Deklination	kons. Deklination	e-Deklination	u-Deklination
signorum	aetatum	rerum	impetu
proelio	nomina	diebus	metus

G1 4. a. Cives **impetus** militum valde timuerunt. *Bestimmung: Akk., Plural, maskulin*
Die Bürger haben die Angriffe der Soldaten sehr gefürchtet.
b. Manus militum cum civibus certavit. *Bestimmung: Nom., Singular, feminin*
Eine Schar/Eine Gruppe von Soldaten hat mit den Bürgern gekämpft. Multae **domus** magno cum labore aedificatae sunt. *Bestimmung: Nom., Plural, feminin*
Viele Häuser sind mit großem Mühe/großem Arbeitsaufwand errichtet/erbaut worden.

G2 5. a. Numitore **rege** Romulus et Remus novam civitatem condiderunt.
Unter der Königsherrschaft des Numitor haben Romulus und Remus eine neue Stadt gegründet.
b. Romulus autem fratre **invito** civitatem munivit.
Aber Romulus hat die Stadt gegen den Willen seines Bruders befestigt.

c. Nova urbs Romulo **auctore** augebatur.
Die neue Stadt wurde auf Veranlassung des Romulus vergrößert.

6. Abl. abs. gesucht!
a. **Deis auctoribus** Aeneas patriam reliquit.
Auf Veranlassung der Götter hat Aeneas seine Heimat verlassen.
b. **Aenea invito** dei Troianos patriam relinquere iusserunt.
Gegen den Willen des Aeneas haben die Götter den Trojanern befohlen, ihre Heimat zu verlassen.
c. Aeneas cum Ascanio filio **patre mortuo** ad diversa loca pervenit.
Aeneas ist mit seinem Sohn Ascanius nach dem Tod seines Vaters an verschiedene Orte gelangt.

| Eingangstest | Übungen | Abschlusstest |

Amulius plenus invidiae cupiditatisque imperii fuit. Itaque liberi Amulio auctore ad flumen Tiberim expositi sunt. Ibi lupa liberos clamantes invenit et fratribus consuluit. Aliquando Faustulo duce manus animalium ad Tiberim venit. Ibi Faustulus liberos invenit. Conspectu liberorum commotus eos sumere et domum portare decrevit. Uxor quoque non invita fratres accepit. Faustulo et uxore vivis fratres vitam beatam agebant.

a. manus – Nom., Singular, feminin.
conspectu – Abl., Singular, maskulin.
domum – Akk., Singular, feminin.

b. Amulius war voller Neid und Machtgier. Deshalb wurden die Kinder auf Veranlassung des Amulius am Fluss Tiber ausgesetzt. Dort fand eine Wölfin die schreienden Kinder und kümmerte sich um das Brüderpaar. Irgendwann gelangte unter Führung des Faustulus eine Schar Tiere an den Tiber. Dort fand Faustulus die Kinder. Weil er vom Anblick der Kinder gerührt war, beschloss er, sie an sich zu nehmen und nach Hause zu tragen. Auch die/seine Ehefrau nahm die Kinder nicht widerwillig/ungern auf. Solange Faustulus und seine Frau lebten, führten die Brüder ein glückliches Leben.

Geschafft!

Nach dieser Lektion kenne ich alle Deklinationen!

Ergänze die Tabelle entsprechend!

	a-Dekl.	o-Dekl. (m)	o-Dekl. (n)	kons. Dekl.	e-Dekl.	u-Dekl.
Nom. Sg.	serva	servus	signum	lex	dies	manus
Gen. Sg.	servae	servi	signi	legis	diei	manus
Dat. Sg.	servae	servo	signo	legi	diei	manui
Akk. Sg.	servam	servum	signum	legem	diem	manum
Abl. Sg.	serva	servo	signo	lege	die	manu

W 2.

Silben	lateinisches Wort		Bedeutung
ri-de-si-um-de	desiderium	d	a) eher, lieber
ni-mus-fi-ti	finitimus	h	b) feindselig, kampfbereit
iu-tus-ven	iuventus	f	c) untergehen; umkommen, sterben
us-po-ti	potius	a	d) das Verlangen, die Sehnsucht
ci-ex-tus-er	exercitus	j	e) fort sein, weg sein; fehlen
de-re-ci-oc	occidere	c	f) die Jugend
tus-in-fes	infestus	b	g) reich; kostbar
se-es-ab	abesse	e	h) benachbart; *Subst.* der Nachbar
			i) die Angst, die Furcht
			j) das Heer

G 3.

Adjektiv	Substantive	Begründung
pauperes	senatoribus – acies – virgines	**virgines** (Nom./Akk. Pl. f + Sinn)
vetus	urbium – templum – dominum	**templum** (Nom./Akk. Sg. n)
paupere	iuventute – capere – vulnere	**iuventute** (Abl. Sg. f + Sinn)
diviti	fratri – gentis – proelii	**fratri** (Dat. Sg. m)
divitum	domum – maritum – ducum	**ducum** (Gen. Pl. m)
vetera	femina – capita – verborum	**capita** (Nom./Akk. Pl. n)

G 4.

„**Vetus** sum. Comperi multos Romanos non **pauperes**, sed **divites** esse. Tecta hominum **pauperum** mihi non placent. In tecto **vetere** habitare nolo."

G 5.

gaudium familiae	x
ira iniuriae	
cupiditas divitiarum	
spes pacis	
timor militum	x
dolor caedium	

G 6.

Romani desiderio **virginum** incensi Sabinas rapuerunt. Virgines raptae compererunt parentes timore **Romanorum** fugisse. Itaque omnem spem **salutis** deposuerunt et ira iniuriae commotae fleverunt.

Wiederholung: Adjektive der o-/a-Deklination

viri **boni**, dominorum **improborum**, cupiditati **magnae**, domum **finitimam**, regna **mala**, rebus **claris**, usu **libero**, nominis **pulchri**

Nom.Pl.	*servae*	*servi*	*signa*	*leges*	*dies*	*manus*
Gen.Pl.	**servarum**	**servorum**	**signorum**	**legum**	**dierum**	**manuum**
Dat.Pl.	**servis**	**servis**	**signis**	**legibus**	**diebus**	**manibus**
Akk.Pl.	**servas**	**servos**	**signa**	**leges**	**dies**	**manus**
Abl.Pl.	**servis**	**servis**	**signis**	**legibus**	**diebus**	**manibus**

Lektion 28

Eingangstest | Übungen | Abschlusstest

W 1. A7, B15, C8, D9, E2, F3, G1, H12, I14, J5, K16, L18, M10, N4, O13, P6

G 2. oratorum **divitum**, mercatore **paupere**, militis **veteris**, domino **veteri**, legatum **divitem**, servis **pauperibus**

G 3.

	SG/OG
preces Romanorum	SG
spes salutis	OG
metus Romanorum	OG
iniuria Sabinarum virginum	OG
scelera Romanorum	SG
ira iniuriae	OG
uxores Romanorum	SG

Eingangstest | Übungen | Abschlusstest

W 1.

preces	die Bitten
neglegere	vernachlässigen, gering schätzen, nicht beachten
metus	die Angst, die Furcht
iniquus	ungleich, ungerecht
brevis	kurz
aut	oder
vulnus	die Wunde
comperire	erfahren, in Erfahrung bringen

Eingangstest | Übungen | Abschlusstest

W 2.

eo	dorthin/hierhin/deswegen
facinus	die Trägheit/die Tat/die Untat

deutsches Wort	lateinisches Ursprungswort	deutsche Bedeutung
mental	mens	der Geist, der Verstand
statuieren	statuere	aufstellen; festsetzen; beschließen
Manifest	manifestus	überführt; offenbar, offenkundig
grandios	grandis	groß; großartig; wichtig
Lizenz	licentia	die Freiheit, die Willkür
extern	exter(us)	auswärtig, ausländisch
Nation	natio	das Volk, der Volksstamm

G1 3.

aliquo	facinore
aliquibus	signis
aliqua	aedificia
cuius	mentis
cui	orationi
quam	iuventutem

G1 4.

1. **Aliquis**/Aliqui interrogavit: „**Quis**/Qui ad populum dicit?"
Irgendjemand hat gefragt: „Wer spricht zum Volk?"
2. Alicuius/**Aliqua** domina respondit: „Brutus de **aliqua**/aliquo re Romana."
Irgendeine Hausherrin hat geantwortet: „Brutus über irgendeine römische Staatsangelegenheit."
3. Tertius: „**Qua**/Quae de re Romana?"
Ein Dritter: „Über welche römische Staatsangelegenheit?"
4. Domina: „De aliquis/**aliquibus** sceleribus a Tarquinio commissis."
Die Hausherrin: „Über irgendwelche Verbrechen, die Tarquinius begangen hat."
5. Tertius: „**Quae**/Qua scelera Tarquinius commisit?" – Domina: „Id tibi dicere nolo."
Der Dritte: „Welche Verbrechen hat Tarquinius begangen?" – Die Hausherrin: „Das will ich dir nicht sagen."

G2 5.

Solange ich lebe, werde ich die Hoffnung nicht aufgeben!
Ich habe auf dich gewartet, **bis** du endlich gekommen bist!
Während ich auf dich warte, vergeht die Zeit nicht.
Während ich wartete, nahmst du an jenem Gastmahl/jener Party teil!

G2 6.

1. Romulus a gentibus finitimis virgines petivit, quia feminae Romanis deerant.
2. Virgines fleverunt, postquam parentes fugerunt.
3. Iuventus Romana virgines rapuit, dum omnes ludos spectant.
4. Civitas Romana aucta est, cum Sabini et Romani pacem fecerunt.

Eingangstest | Übungen | Abschlusstest

a. „Comperi urbem a Romulo conditam et Romam appellatam esse. Ibi multi homines **pauperes**, nonnulli **divites** sunt. Romani desiderio feminarum incensi gentem nostram ad ludos invitaverunt et nos virgines rapuerunt. Nunc mihi est maritus Romanus. Meus amor eius viri Romani crescet. Libenter cum eo viro Romano **divite** et **vetere** vivam."

b. feminarum, eius viri Romani

c. „Ich habe erfahren, dass die Stadt von Romulus gegründet und Rom genannt worden ist.
Dort gibt es viele arme und einige reiche Männer/Leute. Weil die Römer sich nach Frauen sehnten, luden sie unser Volk zu Spielen ein und raubten uns Mädchen. Nun habe ich einen römischen Ehemann. Meine Liebe zu diesem römischen Mann wird wachsen. Gern werde ich mit diesem reichen und alten Römer leben."

Lektion 29

W 1. A5, B15, C8, D1, E13, F17, G4, H14, I2, J18, K6, L7, M11, N9, O3, P12

G1 2.

	sl	al			sl	al
quid?	×			quod?		×
quo?	×	×		quem?	×	×
quis?	×			qui?		×
quae?		×				

G2 3.

1. Roma urbs crescere non poterat, *dum* (**solange**) mulieres deerant.
2. Tarquinius scelera commisit, *dum* (**bis**) Brutus eum pepulit.
3. *Dum* (**während**) populus dure laborat, Tarquinius conviviis intererat.
4. Brutus: „Expellite Tarquinios, *dum* (**solange**) aliqua spes libertatis est!"

Eingangstest | Übungen | Abschlusstest

W 1.

existimare	meinen/existieren/einschätzen
flagitium	die Gemeinheit/die Flagge/die Schandtat
stultus	schlau/gottlos/dumm
avaritia	die Sehnsucht/der Geiz/die Habgier
postremo	schließlich/danach/zuletzt
nex	der König/der Mord/der gewaltsame Tod
aperire	schließen/öffnen/eröffnen

Eingangstest | Übungen | Abschlusstest

a. und b. „Statui ad populum dicere, **quia** Tarquinios expellere in animo habebam. Antea audiveram **aliquos** cives dicere: ‚Brutus stultitiam fingit!'. Dixi: ‚**Dum** stultitiam fingebam, Tarquinius vindictam non timuit. Stultitia me servavit! Tarquinius multa facinora fecit: Patrem et fratrem interfici iussit, cogit vos in patria servire, propter Tarquinii crudelitatem Lucretia se interfecit.' Expuli Tarquinios, **quia** multa scelera commiserant."

c. „Ich beschloss zum Volk zu sprechen, weil ich beabsichtigte die Tarquinier zu vertreiben. Vorher hatte ich einige Bürger sagen gehört: ‚Brutus täuscht Dummheit vor'. Ich sagte: ‚Solange ich Dummheit vortäuschte, fürchtete Tarquinius keine Rache. Die Dummheit hat mich gerettet! Tarquinius beging viele Untaten/Verbrechen: Er ließ meinen Vater und meinen Bruder töten, er zwingt euch, Sklaven im eigenen Land zu sein, und wegen der Grausamkeit des Tarquinius tötete Lucretia sich selbst.' Ich habe die Tarquinier vertrieben, weil sie viele Verbrechen begangen hatten."

W 2.
1. Ein Konsul ist **ein Beamter** (magistratus).
2. **Die Pflege** (cultus) der Äcker wurde von den Plebejern vernachlässigt.
3. **Das Volk** (plebs) leidet an Armut. **Weswegen** (quare) leidet es an Armut?
4. Die Plebejer wollten Coriolanus aus der Stadt **vertreiben** (eicere).
5. **Eine Schar/Gruppe** (agmen) von Frauen eilte/ging schnell in das Lager der Volsker.

G1 3. coniugibus istis, facinus istud, exercitui isti, nationis istius, maritorum istorum, lege ista, libidines istas

G1 4.

plebis	istius
magistratibus	istis
agmen	istud
domos	istas
fines (2x)	isti, istos
pretia	ista

G2 5.

	domini	virgines	magistratus	legibus	spei
ipsius	x		x		x
ipsis				x	
ipse			x		
ipsi	x		x		x
ipsas		x			

G2 6.

numero	ipsi/ipsius/ipse
consules	ipsas/ipsis/ipsos
domos	ipsos/ipsa/ipsas
rei	ipsa/ipsius/ipsis
facinus	ipse/ipsum/ipsam
avaritiae	ipsi/ipsa/ipsas

G3 7.

	ja	nein
Mater Coriolani mulieres in castra Volscorum duxit.		x
Plebeii Menenium sapientem esse putant.		x
Menenium sapientem puto.	x	
Coriolanus: „Plebeii se ipsos pauperes reddiderunt."	x	
Redde mihi librum meum.		x

G3 8. 1. Plebeii a patriciis scelerati putantur.
2. Coriolanus a plebe hostis appellatur.
3. Patricii et plebeii verbis Menenii beati redduntur.

Lektion 30

Eingangstest | Übungen | Abschlusstest

W 1. A4, B15, C12, D1, E11, F3, G13, H6, I14, J8, K2, L7, M9

G1 2. Patricius: „**Iste** vir omnes plebeios sollicitat. Potentia **istius** viri magna est. Omnes plebeii **isti** viro parent. Sed nos **istud** facinus finire et **istam** turbam placare debemus ..."

G2 3. eo ipso anno
Consul **ipse** ad montem sacrum venit.
ante factum **ipsum**
his **ipsis** verbis

G3 4. Patricii plebeios dignos non putant. – Die Patrizier halten **die Plebejer** nicht für **würdig**.
Plebeii **Sicinium tribunum faciunt**. – Die Plebejer machen **Sicinius zum Volkstribun**.
Plebeii **Menenium sapientem dicunt**. – Die Plebejer nennen **Menenius weise**.
Coriolanus: „Plebeii **se dominos ducunt**". – Coriolan sagt: „Die Plebejer halten **sich für die Herren**."
Plebeii sententiam Coriolani acerbam putant. – Die Plebejer halten **die Meinung/den Standpunkt** des Coriolan für **grausam/rücksichtslos/radikal**.

Eingangstest | Übungen | Abschlusstest

W 1.

der Lohn; der Preis	**pre-ti-um**
(her)ausnehmen, aufnehmen	**ex-cip-ere**
durchsetzen, bewirken, vollenden	**ef-fi-cere**
meinen, schätzen, einschätzen	**cen-se-re**
anflehen, beschwören	**ob-sec-rare**
angreifen	**op-pug-nare**
hinabschicken, sinken lassen	**de-mit-tere**

Wiederholung: is, ea, id

eas coniuges, eorum hominum, eum pedem, eis agminibus, eius ingenii, ea lex, ei famae, id caput

Eingangstest	Übungen	Abschlusstest

Patricii **Menenium Agrippam sapientem** putabant (*doppelter Akkusativ*). Itaque Menenium, cum plebs ad montem sacrum decesserat, ad plebeios miserunt. Ibi eo **ipso** die fabulam de membris corporis narravit. Menenius his **ipsis** verbis animos plebeiorum flexit. Deinde plebeii verbis illius commoti montem sacrum reliquerunt ... Postea autem, quia Romani fame laborabant, Coriolanus, **qui fortis** putabatur (*doppelter Nominativ*), dixit plebeios esse poena dignos. Sed a plebeiis ex urbe eiectus est.

Die Patrizier hielten Menenius Agrippa für weise. Deshalb schickten sie Menenius, als das Volk zum Heiligen Berg weggegangen war, zu den Plebejern. Dort erzählte er an gerade diesem Tag die Fabel von den Gliedern des Körpers. Menenius hat mit genau diesen Worten die Plebejer umgestimmt. Hierauf verließen die Plebejer, weil sie von den Worten jenes Mannes beeindruckt waren, den Heiligen Berg.

Später aber sagte Coriolan, der für tatkräftig/energisch gehalten wurde, weil die Römer Hunger litten, dass die Plebejer eine Strafe/Bestrafung verdient hätten. Aber er wurde von den Plebejern aus der Stadt vertrieben.

Lektion 31

Eingangstest	Übungen	Abschlusstest

W 1. A4, B9, C2, D6, E1, F11, G3, H8, I14, J5, K13, L7, M10

G1 2. a. attingere – exspectarent – constituerent – quare – possumus – possent – ruerem – confirmarent

b. – Si milites tandem finem belli exspectare **possent**, animum non demitterent.
Wenn die Soldaten endlich das Ende des Krieges erwarten/absehen könnten, ließen sie nicht den Mut sinken/würden sie nicht den Mut sinken lassen.
– Si milites in fluctus istius fluminis ruerent, in altera ripa hostes crudeles eos **exspectarent**.
Wenn die Soldaten sich in die Fluten dieses Flusses stürzten/stürzen würden, erwarteten sie am anderen Ufer grausame Feinde/würden sie [...] erwarten.
– Bono animo esse possemus, si verba Alexandri animum nostrum **confirmarent**.
Wir könnten guten Mutes sein, wenn Alexanders Worte uns ermutigten/ermutigen würden.
– Si in fluctus **ruerem**, animalibus saevis me obicerem.
Wenn ich mich in die Fluten stürzte/stürzen würde, würde ich mich wilden Tieren entgegenwerfen/in den Rachen werfen.

G2 3. a. Si milites in flumen ruissent, hostes in altera ripa eos crudeliter **interfecissent**.
b. Multi milites **occisi essent**, nisi bellum celeriter finitum esset.
c. Si Alexander cum militibus fontem vitae aeternae invenisset, omnes gloria aeterna **affecti essent**.
d. Alexander rebus gestis victoriam maximam **addidisset**, si ad mundi finem pervenisset.

Eingangstest	Übungen	Abschlusstest

celeritas:	die Schnelligkeit
addere:	hinzufügen
alius:	ein anderer
praeterea:	außerdem
aliter:	auf andere Weise, sonst
subicere:	unterwerfen

W 1.

P	L	A	V	P	F	L	T	Q
C	E	L	E	R	I	T	A	S
L	X	I	F	A	P	Q	G	U
B	X	U	D	E	C	A	B	B
R	V	S	Q	T	G	L	Q	I
O	I	W	Q	E	H	I	E	C
I	A	T	M	R	G	T	H	E
I	A	D	D	E	R	E	C	R
V	M	D	R	A	L	R	M	E

W 2. 1. tutus (sicher (vor), geschützt (vor/gegen)) und certus (sicher, gewiss, bestimmt)
2. saevus (wild, grimmig) und crudelis (grausam, hartherzig)
3. fere (fast, ungefähr) und paene (beinahe, fast)
4. dixit (er/sie/es sagte, sprach) und aio (ich sage, ich behaupte)
5. fluctus (die Flut) und flumen (der Fluss)
6. vastus (wüst, weit, unermesslich; öde) und ingens (riesig, gewaltig)
7. merces (der Lohn, die Zahlung) und praemium (die Belohnung, der Lohn)

G1 3. a. Discipulus: „Si imperator **essem**, in proelio fortiter **pugnarem**."
Ein Schüler: „Wenn ich ein Feldherr wäre, kämpfte ich tapfer in der Schlacht/würde ich [...] kämpfen."
b. Discipulus alius: „Si philosophus **essem**, contentus et aequo animo **essem**."
Ein anderer Schüler: „Wenn ich ein Philosoph wäre, wäre ich zufrieden und gelassen."
c. „Nisi magister nobis fabulas de Alexandro imperatore **narraret**, magnitudinem eius non **intellegeremus**."
„Wenn der Lehrer uns keine Geschichten über den Feldherrn Alexander erzählte/erzählen würde, würden wir dessen Größe/Bedeutung nicht erkennen."
d. „Si magistrum semper **audiremus**, de vita imperatoris clari bene instructi **essemus**."
„Wenn wir dem Lehrer immer zuhörten/zuhören würden, wären wir über das Leben des berühmten Feldherrn gut unterrichtet."

G1 4. A3: Wenn ein Soldat in der Schlachtreihe/an der Front schwer verwundet würde, könnte er nicht mehr kämpfen.
B4: Wenn der Krieg beendet (werden) würde, führten die Soldaten ein angenehmes Leben/ würden [...] führen.

C1: Wenn Alexander nicht so tapfer wäre, bekämen die Soldaten Angst.

D2: Wenn die Soldaten aufhörten zu kämpfen/aufhören würden zu kämpfen, würde der Krieg beendet (werden).

G2 5. a. Alexander: „Nisi Corinthum (venisset/**venirem/venissem**), Diogenem philosophum non cognovissem.

Alexander: „Wenn ich nicht nach Korinth gekommen wäre, hätte ich den Philosophen Diogenes nicht kennengelernt.

b. Si Diogenes me salutavisset, ad eum (**properavissem**/properarem/quaesivissem).

Wenn Diogenes mich begrüßt hätte, wäre ich zu ihm geeilt/schnell zu ihm gegangen.

c. Nisi sol (**arsisset**/addidisset/arderet), Diogenes in sole iacere non potuisset.

Wenn die Sonne nicht geschienen hätte, hätte Diogenes nicht in der Sonne liegen können.

d. Si eum salutavissem, mihi aliter (quaesivisset/**respondisset**/respondissem).“

Wenn ich ihn begrüßt hätte, hätte er mir auf andere Weise geantwortet.“

G2 6. a. Alexander: „Si **voluissem**, finem mundi invenissem.

Alexander: „Wenn ich gewollt hätte, hätte ich das Ende der Welt gefunden.

b. Nisi milites a me tantam mercedem accepissent, pugnare **noluissent**.

Wenn die Soldaten von mir nicht so viel Sold erhalten hätten, hätten sie nicht kämpfen wollen.

c. Nisi dux bonus essem, milites ducem alium **maluissent**.“

Wenn ich nicht ein guter Anführer gewesen wäre, hätten die Soldaten lieber einen anderen Anführer gewollt.“

Eingangstest | Übungen | Abschlusstest

a. Alexander secum cogitavit: „Nisi in fluctus ruissem, morbo gravi affectus non essem. Beatus essem, si medicina, quam medicus mihi dare vult, me servaret. Possumne medico credere? Fortasse medicus me necare in animo habet. Nisi medicinam ignotam sumpsero, morte certa afficiar. Sin medicina me morbo liberaret, contentus essem.“

b. Alexander dachte bei sich: „Wenn ich mich nicht in den Fluss gestürzt hätte, wäre ich nicht schwer krank geworden. Ich wäre glücklich, wenn die Medizin, die der Arzt mir geben will, mich rettete/retten würde. Kann ich dem Arzt vertrauen? Vielleicht hat der Arzt vor/beabsichtigt der Arzt mich zu töten. Wenn ich die unbekannte Medizin nicht nehme, werde ich sicher sterben/den sicheren Tod erleiden. Wenn die Medizin mich aber von der Krankheit befreite/befreien würde, wäre ich zufrieden.“

c. Alexander könnte sich einen vertrauenswürdigeren Arzt suchen oder zusätzlich andere Ärzte um Rat fragen und Erkundigungen einholen, um die Vertrauenswürdigkeit des Arztes besser einschätzen zu können. Er könnte die Medizin auch zunächst von jemand anderem testen lassen, um festzustellen, ob es sich um ein tödliches Gift handelt. Solche professionellen „Vorkoster" spielten für so manchen Machthaber eine Rolle. Sollte dies nicht möglich sein, könnte er sich entweder dem Risiko aussetzen, nichts zu tun und auf eine Spontanheilung ohne Medizin zu hoffen oder das unkalkulierbare Risiko eingehen und die unbekannte Medizin nehmen.

Lektion 32

Eingangstest | Übungen | Abschlusstest

W 1. A15, B11, C5, D1, E16, F9, G12, H3, I2, J13, K4, L8, M10, N7, O14

G1 2. a. Der Vater verlangte von Hannibal, einen Eid zu schwören.

b. Obwohl Hannibal (noch) ein Junge war, führte ihn der Vater zum Altar.

c. Hannibals Hass war so groß, dass er immer ein Feind der Römer blieb.

d Hannibal kämpfte mit großer Tapferkeit, um nicht besiegt zu werden.

G2 3. a. velimus, subducamus, cernatur, vitetis, discedat, sint, sentiat, dedam

b. – Hannibal ad uxorem: „Petisne, ut te frigoribus montium **dedam**?"

– Imilce: „Te sociosque oro, ut pericula **vitetis**."

– Imilce maritum obsecrat, ne a suo conspectu **discedat**.

Eingangstest | Übungen | Abschlusstest

W 1. a. discedere; **b.** vitare; **c.** subducere; **d.** dedere; **e.** iugum; **f.** iurare; **g.** praecipere

W 2.

Crossword puzzle grid (visible answers include): FLAMME (1F), GESICHT (3G), GEWERK/GEWELLE (4G), SCHICK (5W/6S), WELLE (8W), ZUSAMMEN (9Z)

G1 3. a. Begehren: „dass"

b. konsekutiv (Folge): „dass" (+ Präposition m. Abl.: „mit")

c. kausal: „da, weil"

d. konzessiv: „obwohl"

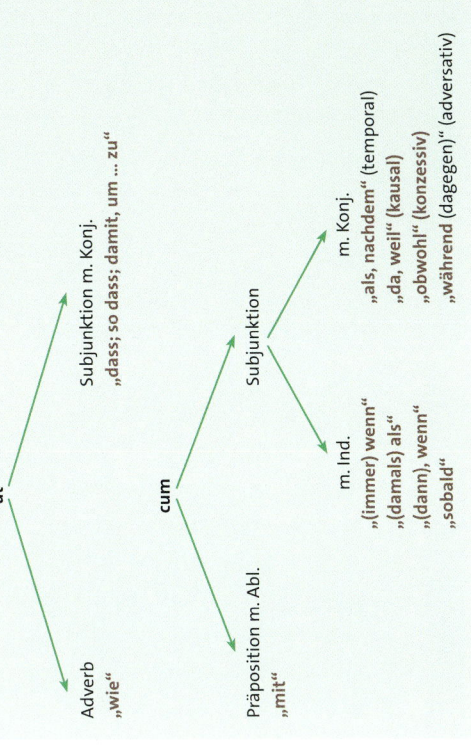

Geschafft!

Nach dieser Lektion kenne ich die verschiedenen Bedeutungen von ut und cum!

Ut und **cum** sind vielseitige Wörter mit verschiedenen Bedeutungen.
Für deine Übersetzung ist es zunächst wichtig, dass du die verwendete Wortart bestimmst.
Danach geht es darum, dass du die jeweilige Sinnrichtung erkennst.

Cum als Subjunktion kann mit **Indikativ** oder mit **Konjunktiv** stehen, während **ut** als Subjunktion immer mit **Konjunktiv** steht.

ut

Adverb
„wie"

Subjunktion m. Konj.
„dass; so dass; damit, um ... zu"

cum

Präposition m. Abl.
„mit"

Subjunktion

m. Ind.
„(immer) wenn"
„(damals) als"
„(dann), wenn"
„sobald"

m. Konj.
„als, nachdem" (temporal)
„da, weil" (kausal)
„obwohl" (konzessiv)
„während (dagegen)" (adversativ)

Lektion 33

Eingangstest	Übungen	Abschlusstest

W **1.** A8, B4, C10, D13, E1, F9, G12, H7, I5, J2, K3

G1 **2.** Caesar ist Diktator, weil/nachdem ...

a. **vicerit** (3. P. Sg. Konj. Perf. Akt.) ... er Pompejus besiegt hat.

b. **subiecerit** (3. P. Sg. Konj. Perf. Akt.) ... er viele Völker unterworfen hat.

c. **victi sint** (3. P. Pl. Konj. Perf. Pass.) ... die Bundesgenossen des Pompejus von ihm besiegt worden sind.

d. **persuaserit** (3. P. Sg. Konj. Perf. Akt.) ... er viele Senatoren überzeugt hat.

G1 **4.** **a.** **Cum** preces Romuli neglectae essent, insidias Sabinis paravit.
Weil seine Bitten abgewiesen worden waren, lockte Romulus die Sabiner in einen Hinterhalt.

b. Gentem finitimam invitavit, **ut** filias eius raperet.
Er lud das benachbarte Volk ein, um dessen Töchter zu rauben.

c. Iuvenes filias Sabinorum rapuerunt, **ne** sine uxoribus viverent.
Die jungen Männer raubten die Töchter der Sabiner, um nicht ohne Frauen leben zu müssen.

d. Sabini discesserunt, **cum** sine armis venissent.
Die Sabiner gingen (kampflos) fort, weil sie ohne Waffen gekommen waren.

e. Ira Sabinorum tanta fuit, **ut** filias suas armis liberare cuperent.
Der Zorn der Sabiner war so groß, dass sie ihre Töchter mit Waffengewalt befreien wollten.

G2 **5.** **a.** serventur; **b.** naviget; **c.** credant

G2 **6.** **a.** Hannibal ab uxore petit, ut una cum filio Carthaginem **naviget**.
Hannibal verlangt von seiner Frau, dass sie zusammen mit dem Sohn nach Karthago fährt.

b. Hannibal: „Cum te **amem**, praecipio, ut me **deseras**."
Hannibal: „Weil ich dich liebe, befehle ich dir, mich zu verlassen."

c. Nomen gentis Romanae extinguam, ut Carthaginienses in aeternum victores **sint**."
Ich werde den Namen des römischen Volkes auslöschen, damit die Karthager ewig Sieger sein werden."

Eingangstest	Übungen	Abschlusstest

a. „Me rogavisti, **ut** te una cum filio nostro relinquerem. Nos dimittis, **ut** pericula vitemus, **cum** tu periculis belli te dedas. Te oro, **ne** discedas. Semper flamma amoris mei magna erat. Itaque te obsecro, **ne** me dimittas. An optas, **ut** cura vitam perdam? Tibi filium peperi, **ut** a nobis aleretur. Ergo salvus redi, **ne** filius noster os tuum solum in somno ante oculos habeat!"

b. rogavisti, oro, obsecro, optas

c. „Du hast mich gebeten, dich gemeinsam mit unserem Sohn zu verlassen. Du schickst uns fort, damit wir nicht in Gefahr sein müssen, während du dich in Kriegsgefahren begiebst. Ich bitte dich nicht fortzugehen. Meine Liebe zu dir war immer groß. Daher flehe ich dich an, mich nicht fortzuschicken. Oder möchtest du, dass ich vor Sorge sterbe? Ich habe dir einen Sohn geboren, damit wir ihn (gemeinsam) aufziehen können. Kehre daher unversehrt/wohlbehalten zurück, damit unser Sohn dein Gesicht nicht nur im Schlaf/Traum vor Augen hat!"

Lösungen

G2 3. Ein neugieriger Soldat fragt,

a. wo Caesar ist/sei (Wortfrage).
b. warum die Soldaten nach Ägypten segeln (Wortfrage).
c. wer Kleopatra ist/sei (Wortfrage).
d. ob Caesar Ägyptens Königin wirklich liebt/liebe (Satzfrage).
e. ob Kleopatra nach Rom kommt/komme oder nicht (Wahlfrage).

Eingangstest	Übungen		Abschlusstest

W 1.

Verb	animadvertere	circumdare	incedere
Adjektiv	nobilis		
Adverb	ultro	pariter	modo
Konjunktion	sive		

W 2. a. despicere: **spectare/conspicere/aspicere**   c. me fugit: **fugere**
b. divus, -a, -um: **deus**   d. animadvertere: **animus/vertere**

G1 3. a. Senatus rem publicam in discrimine esse putat, cum Caesar eam magna vi **rexerit.** Der Senat glaubt, dass der Staat in Gefahr ist/sei, weil Caesar ihn mit großer Gewalt geleitet/regiert hat.

b. Caesar multis nationibus imperat, cum has **oppresserit.** Caesar herrscht über viele Völker, nachdem/weil er sie unterworfen hat.

c. At celeber est, cum populus Romanus ei summos honores **tribuerit.** Aber er ist berühmt, weil das römische Volk ihm höchste Ehren zuerkannt/höchste Ehrenämter verliehen hat.

d. Clementia illius celebris est, cum Caesar in inimicos crudeliter non **vindicaverit.** Seine Milde/Großzügigkeit ist berühmt, weil Caesar seine persönlichen Feinde (in Rom) nicht grausam bestraft hat.

G1 4.

	Perfekt	Konjunktiv	Plural	Passiv
despicio	despexi	despexerim	despexerimus	despecti/ae simus
circumdabat	circumdedit	circumdederit	circumdederint	circumdati/ae sint
animadvertit	animadvertit	animadverterit	animadverterint	animadversi/ae sint

G2 5. a. Kleopatra fragt, warum Caesar nach Ägypten gekommen ist.
b. Caesars Soldaten fragen, ob Caesar geheime Pläne gefasst hat.
c. Kleopatra zweifelt, ob Caesar die Wahrheit gesagt hat.

G2 6. Calpurnia scire vult,

a. ... ubi Caesar tam diu fuerit.
b. ... cur in Aegypto fuerit.
c. ... quid ibi fecerit.
d. ... cur Cleopatrae adfuerit.

Eingangstest	Übungen		Abschlusstest

Cleopatra regnum Aegypti obtinere vult. Caesar primo dubitat, sed deinde Cleopatrae regnum tribuit, **cum Cleopatra ei persuaserit.** Nilum navigant et multa aedificia Aegyptiorum spectant.
Paulo post regina dubitat, **utrum Caesar Cleopatram amet an non.** Quaerit, **num Caesar imprimis potestatem suam augere velit.** Postremo autem Cleopatra cum Caesare Romam venit et apparet eam reginam Caesaris esse.

Kleopatra will die Herrschaft über Ägypten behaupten. Caesar ist zunächst unschlüssig, spricht dann aber Kleopatra die Herrschaft zu, nachdem/weil Kleopatra ihn überredet/überzeugt hat. Sie segeln auf dem Nil und sehen sich viele Bauwerke der Ägypter an.
Wenig später ist sich die Königin unsicher, ob Caesar Kleopatra liebt oder nicht. Sie fragt, ob Caesar nicht in erster Linie seine Macht ausbauen will. Aber schließlich kommt Kleopatra mit Caesar nach Rom und es wird deutlich, dass sie Caesars Königin ist.

Lektion 34

Eingangstest	Übungen		Abschlusstest

W 1.

```
N A B I R E M S S C T
M L S N E N M I O U E
A E E I M P O N E R E
X R A R L R A U P R Q
I O A E S A H S S U U
M P L H E E L E U S A
E D A L D D T H F I M
F O R T E A D I R E O
P F M D R S T I M L B
F U N D E R E E C T R
T C N R I C O I L N E
E U S O P S E T L I M
```

G1 2. a. eas: 2. P. Sg. Konj. Präs.
b. istis: 2. P. Pl. Ind. Perf.
c. isset: 3. P. Sg. Konj. Plusquamperfekt.
d. iremus: 1. P. Pl. Konj. Imperf.
e. isse: Inf. Perf.

f. ite!: 2. P. Pl. Imperativ
g. eo: 1. P. Sg. Ind. Präs.
h. ieram: 1. P. Sg. Ind. Plusquamperfekt
i. iero: 1. P. Sg. Futur II
j. euntis: Part. Präs. Akt. Gen. Sg. (m, f, n)

G2 3. Es ist Aufgabe der Konsuln ...

a. ... die Stadt durch ihre Befehlsgewalt zu leiten/regieren.
b. ... für das Wohl des Staates zu sorgen.
c. ... an der Spitze des Heeres zu stehen/das Heer zu befehligen.

G3 4.

a. Caesar war eine Gefahr für den Staat. Deswegen haben Brutus und andere ihn getötet.

b. Brutus war ein tatkräftiger Mann. Viele Freunde und Verbündete haben ihn unterstützt.

c. Nach Caesars Tod hat Antonius die Senatoren aufgehetzt. Deswegen musste Brutus aus der Stadt fliehen.

d. Deshalb war Brutus' Mutter traurig.

Eingangstest	Übungen	Abschlusstest

W 1.

a. opulent d. maximal maxime
b. Initiative e. imposant imponere
c. Abitur f. Infusion fundere

W 2.

a. aes b. adire c. praeda d. sinus
e. forte f. currus g. sedere h. quamobrem

G1 3.

Futur I	Präsens	Imperfekt	Perfekt	Plusquamperfekt	Futur II
ibitis	eo	ibamus	ierunt	ieratis	iero
ibunt	eamus	irent	iit	isses	
ibis	is	ibam	ierim	isset	

G1 4.

a. it – iit – ierit – ierint – ierunt
b. ierimus – iremus – irem – ibam – eo
c. ibit – ibunt – ierant – issent – irent

G2 5.

a. patris est; b. populi est/plebis est; c. patrum est/senatorum est

G2 6.

a. Servorum est cenam parare/curiam intrare/domino non parere.
b. Fidei est amico credere/amicum relinquere/amicum interficere.
c. Consulis est rem publicam gerere/villas aedificare/cenam parare.

G3 7.

a. Brutus, qui Caesarem interfecit, vir fortis fuit. (Relativsatz)
b. Quae cum ita essent, Bruto multi amici fuerunt. (Relativischer Satzanschluss)
c. Sed Antonius, qui amicus Caesaris erat, factum Bruti vituperavit. (Relativsatz)
d. Quare Antonius poposcit, ut Brutus ex urbe exiret. (Relativischer Satzanschluss)
e. Qui cum Cassio socio fugit. (Relativischer Satzanschluss)

G3 8.

a. Postquam Brutus fugit, **Antonius urbi imperavit. Qui vir sceleratus erat.**
Nachdem Brutus geflohen war, herrschte Antonius über die Stadt. Er war ein Verbrecher.

b. **Pecuniam aliorum rapuit et aes alienum fecit. Quamobrem** Cicero eum vituperavit.
Er hat das Geld anderer an sich gerissen und Schulden angehäuft. Deshalb hat Cicero ihn getadelt.

c. Praeterea Cicero dixit **Antonium contra rem publicam liberam bellum inire. Quare** Cicero poposcit, ut Antonius urbe exiret.
Außerdem hat Cicero gesagt, dass Antonius einen Krieg gegen die freie Republik anfängt. Deshalb hat Cicero gefordert, dass Antonius die Stadt verlassen soll.

d. **Constat rem publicam in discrimine fuisse. Quae** a patribus conservari debuit.
Bekanntlich befand sich der Staat in Gefahr. Er musste von den Senatoren gerettet werden.

Eingangstest	Übungen	Abschlusstest

Eingangstest

Antonius, qui consul erat, contra Brutum eiusque socios bellum inire voluit. Quare res publica in discrimine fuit. Antonius dictaturam petivit. Quae cum ita essent, Cicero Antonium acriter vituperavit. Cui obiecit opes patris fudisse et aes alienum fecisse.

Praeterea Cicero senatum monuit: „Patrum est rem publicam conservare et pacem confirmare."

Abschlusstest

Antonius, der Konsul war, wollte gegen Brutus und dessen Verbündete Krieg führen. Deswegen schwebte der Staat in Gefahr. Antonius strebte eine Diktatur an. Deshalb kritisierte Cicero Antonius scharf. Er warf ihm vor, die Gelder seines Vaters verschwendet und Schulden gemacht zu haben.

Außerdem ermahnte Cicero den Senat: „Es ist Aufgabe der Senatoren, den Staat zu bewahren und den Frieden zu festigen."

Lektion 35

Eingangstest	Übungen	Abschlusstest

W 1.

a. tergum d. ordo g. longus
b. varius e. terror h. afferre
c. quin f. sanguis i. spargere

G1 2.

a. confers: 2.P.Sg.Ind.Präs.Akt. f. ferte: 2.P.Pl.Imperativ
b. referuntur: 3.P.Pl.Ind.Präs.Pass. g. tulisti: 2.P.Sg.Ind.Perf.Akt.
c. profertur: 3.P.Sg.Ind.Präs.Pass. h. conferrent: 3.P.Pl.Konj.Imperf.Akt.
d. afferat: 3.P.Sg.Konj.Präs.Akt. i. allata sunt: 3.P.Pl.Ind.Perf.Pass.
e. infertis: 2.P.Pl.Ind.Präs.Akt. j. rettulisset: 3.P.Sg.Konj.Plusquamperfekt Akt.

G2 3.

a. Ducite equos! Führt/Bringt die Pferde! Duce equos! Führe/Bring die Pferde!
b. Fer aquam! Hol/Bring Wasser! Ferte aquam! Holt/Bringt Wasser!
c. Fac negotia! Erledige deine Aufgaben! Facite negotia! Erledigt eure Aufgaben!

G3 4.

a. Viele Menschen befürchteten, dass Gefahren drohen.
b. Es bestand die Gefahr, dass Antonius einen Krieg anfing.
c. Oktavian hatte Angst davor, dass Antonius aus Ägypten zurückkehrte.

G4 5.

a. eodem tergo e. eidem/eodem terrores
b. eundem ordinem f. eadem manu
c. eiusdem imaginis g. eisdem hostibus
d. eiusdem/eidem/eaedem praedae h. idem bellum

Lösungen

W 1.

Substantiv	Verb	Adjektiv
ordo	afferre	varius
terror	spargere	longus
sanguis		

W 2.

lateinisches Wort	deutsche Bedeutung(en)	lateinisches Wort	deutsche Bedeutung(en)
terror	der Schrecken, die Angst	longus	lang, lang anhaltend
sanguis	das Blut	ordo	die Ordnung, die Reihe, der (gesellschaftliche) Stand
spargere	streuen, ausstreuen, besprengen	quin	dass
tergum	der Rücken	afferre	herbeibringen, bringen; melden
varius	vielfältig, verschieden, bunt		

G1 3.
a. feruntur – ferebam – latus eram – fero
feruntur; Begründung: 3. P. Pl.
b. ferrem – ferrer – ferar – fertur
ferrem; Begründung: Passiv, Perfektstamm
c. ferre – fer – tulisse
fer; Begründung: Imperativ.
d. latus es – fers – fertis – feras
latus es; Begründung: Passiv, Perfektstamm

G1 4.
a. fers – tulisti – tuleris – tuleritis – ferretis
b. tulerunt – ferebant – ferebat – ferret – ferat
c. feremus – feram – tuleram – latus/-a eram – ferebar

G2 5.
a. „Aule et Severe, **parate** convivium!"
b. „Aule, **affer** cibos!"
c. „Severe, **saluta** hospites!"
d. „Aule et Severe, **ducite** hospites in villam!"

G2 6.
a. Refer de pace! — Berichte vom Frieden!
b. Dicite semper verum! — Sagt immer die Wahrheit!
c. Fac pacem! — Schließe Frieden!
d. Ducite equos! — Führt die Pferde!

G3 7.
a. Ich fürchte, dass er kommt.
b. Ich fürchte, dass die Sklavinnen uns gehört haben.
c. Es besteht die Gefahr, dass die Sklavinnen alles unseren Feinden erzählen.
d. Ich fürchte, dass Antonius einen Krieg gegen Oktavian beginnt.

G3 8.
a. Es bestand die Gefahr, dass zu Wasser und zu Lande Krieg geführt würde.
b. Die Besiegten befürchteten, dass viele Götterstatuen und Tempel zerstört würden.
c. Die Bürger befürchteten, dass Antonius gegen Oktavian einen Krieg beginnen würde.

G4 9.

a.

Dat. Sg. f	Plural	Akkusativ	Nominativ	Singular
eidem	eisdem	easdem	eaedem	eadem
derselben	denselben	dieselben	dieselben	dieselbe

b.

Akk. Pl. f	Genitiv	Singular	Ablativ	Plural
easdem	earundem	eiusdem	eadem	eisdem
dieselben	derselben	derselben	durch dieselbe	durch dieselben

G4 10.
a. **Eandem** portam video. – Ich sehe dieselbe Tür.
b. Omnes sciunt **eadem** pericula impendere. – Alle wissen, dass dieselben Gefahren drohen.
c. Milites **eisdem** imperatoribus paruerunt. – Die Soldaten haben denselben Feldherren gehorcht.

Eingangstest | Übungen | Abschlusstest

Antonius cum Cleopatra regina Aegyptum regebat. Octavianus et Lepidus aliis partibus imperii Romani imperabant. Sed inter triumviros discordia erat. Itaque periculum erat, ne quis triumvirorum bellum faceret. Octavianus timebat, ne Antonius potentior esset.
Tandem alter altero bellum intulit. Paulo post Antonius et Cleopatra victi sunt, Octavianus triumphum egit. Cives: „Dicite ‚Io Triumphe!', ducite triumphum et ferte praedam!"

Antonius herrschte mit Königin Kleopatra über Ägypten. Octavian und Lepidus herrschten über die anderen Teile des Römischen Reiches. Aber zwischen den Triumvirn herrschte Uneinigkeit. Deshalb bestand die Gefahr, dass einer der Triumvirn einen Krieg anfangen würde. Oktavian fürchtete, dass Antonius mächtiger sei.
Schließlich führten beide gegeneinander Krieg. Wenig später wurden Antonius und Kleopatra besiegt, Oktavian feierte einen Triumphzug. Die Bürger riefen: „Ruft ‚Juchhe, Triumph!', führt den Triumphzug durch und bringt die Kriegsbeute!"

1. Lepidus cum Octaviano et Antonio imperavit.
2. Antonius in Aegypto (cum Cleopatra) rexit.
3. Octavianus timuit, ne Antonius potentior esset.
4. Octavianus Antonium vicit.